职业院校学前教育专业"十四五"规划教材

学前教育专业
实训指导手册

主　编　门亚玲　谭琳霞
副主编　梁开璐
参　编　王祝惠子　刘　菁　席莉莉　乔素芳　宋　阳

华中科技大学出版社
http://www.hustp.com
中国·武汉

内 容 提 要

实训是学前教育专业学生培养过程中重要的实践性教学环节,针对学前教育专业学生在校学习期间理论学习与实践脱节问题,特编写本实训指导手册。本书主要从幼儿保育活动指导、幼儿心理与行为观察与指导、集体教学活动的设计与实施、游戏活动指导、幼儿园环境创设等五个方面提出了具体实训任务和要求,并配有相应的观察记录作业单。

本书将学前教育专业课程与职业岗位能力需求相融合,把职业技能训练贯穿于整个专业教学过程,内容设置贴近行业需求,符合实际工作需要,拥有较完善的实训内容与实训要求,适合职业院校学前教育专业学生使用。

图书在版编目(CIP)数据

学前教育专业实训指导手册/门亚玲,谭琳霞主编.—武汉:华中科技大学出版社,2021.2(2022.1重印)
ISBN 978-7-5680-6856-7

Ⅰ.①学… Ⅱ.①门… ②谭… Ⅲ.①学前教育-教育理论-职业教育-教学参考资料 Ⅳ.①G610

中国版本图书馆 CIP 数据核字(2021)第 007001 号

学前教育专业实训指导手册
Xueqian Jiaoyu Zhuanye Shixun Zhidao Shouce

门亚玲 谭琳霞 主编

策划编辑:袁　冲
责任编辑:史永霞
封面设计:沃　米
责任监印:朱　玢
出版发行:华中科技大学出版社(中国•武汉)　　电话:(027)81321913
　　　　　武汉市东湖新技术开发区华工科技园　　邮编:430223
录　　排:武汉创易图文工作室
印　　刷:武汉市籍缘印刷厂
开　　本:787 mm×1092 mm　1/16
印　　张:13.75
字　　数:352 千字
版　　次:2022 年 1 月第 1 版第 2 次印刷
定　　价:39.00 元

本书若有印装质量问题,请向出版社营销中心调换
全国免费服务热线:400-6679-118　　竭诚为您服务
版权所有　侵权必究

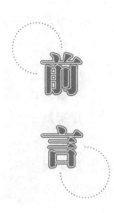

  教师是一个实践性很强的职业,而实训是学前教育专业学生培养过程中重要的实践性教学环节。针对学前教育专业学生在校学习期间理论学习与实践脱节问题,特编写本实训指导手册。本书主要从幼儿保育活动指导、幼儿心理与行为观察与指导、集体教学活动的设计与实施、游戏活动指导、幼儿园环境创设等五个方面提出了具体实训任务和要求,并配有相应的观察记录作业单。

  本书将学前教育专业课程与职业岗位能力需求相融合,把职业技能训练贯穿于整个专业教学过程,内容设置贴近行业需求,符合实际工作需要,拥有较完善的实训内容与实训要求,适合职业院校学前教育专业学生使用。为适应学前教育专业的培养目标和落实"保教结合"的精神,本书从《幼儿园教师专业标准》中对幼儿教师专业能力的要求出发,将理论知识与实践操作结合起来,内容包括幼儿保育活动指导、幼儿心理与行为观察与指导、集体教学活动的设计与实施、游戏活动指导、幼儿园环境创设等五个模块,分项目进行实训,从而使学生在学习理论知识的同时,获得更多学前教育实践知识,为塑造合格的幼儿园教师奠定基础。因此,本书凸显出如下特点:

  1.细分观察内容,明确观察流程

  以往的学前教育实训指导手册主要让学生的观察重点放在教学活动上面,但缺乏系统性和整体性。本实训指导手册将学生理论知识学习和实践操作结合起来,具体体现在专业课程和实训内容贯通上,例如在"幼儿保育活动指导"模块中,结合学前儿童卫生学、学前儿童营养学等相关内容,来编写观察的项目,使观察的流程进一步明确,让学生更清晰地把握实训过程中的观察要点,这既是学习的重难点,也是实习过程中观察的重难点。

2.观察与实践相结合,反思与评价相统一

以往的学前教育实训指导手册主要侧重于让学生观察,而对实践操作有所忽视。本实训指导手册结合了两个部分的要求,在学生观察记录的基础之上,提供给学生实践的机会。例如在教育活动设计与实施环节,在学生对五大领域教育活动观察记录的同时,会安排学生试讲和说课,然后按照说课的标准进行评价,要求学生在实践中实现专业反思和成长。

考虑到不同学校学前教育专业人才培养方案和开设的课程不同,本实训指导手册汇集了很多专家学者的意见,并进行修订和补充,从而更加具有适宜性、针对性和科学性。同时,对学生在幼儿园见习和实习情况的调研,使本实训指导手册能够真实反映职业院校学前教育专业学生实训的需求,促进学生专业能力发展。

编者

模块一　幼儿保育活动指导 ……………………………（1）
　项目1　幼儿园一日活动流程 ……………………………（2）
　项目2　幼儿晨间活动观察记录 …………………………（11）
　项目3　幼儿户外活动观察记录 …………………………（20）
　项目4　幼儿进餐活动观察记录 …………………………（29）
　项目5　幼儿午睡活动观察记录 …………………………（38）
　项目6　幼儿如厕、盥洗活动观察记录 …………………（43）
　项目7　幼儿离园活动观察记录 …………………………（52）

模块二　幼儿心理与行为观察与指导 ……………………（57）
　项目1　幼儿动作发展观察与评价 ………………………（57）
　项目2　幼儿认知和语言发展观察与评价 ………………（67）
　项目3　幼儿品德和社会性发展观察与评价 ……………（77）
　项目4　幼儿心理与行为发展观察与评价 ………………（87）

模块三　集体教学活动的设计与实施 ……………………（91）
　项目1　健康领域集体教学活动的设计与实施 …………（91）
　项目2　语言领域集体教学活动的设计与实施 …………（101）
　项目3　社会领域集体教学活动的设计与实施 …………（111）
　项目4　科学领域集体教学活动的设计与实施 …………（121）
　项目5　艺术领域集体教学活动的设计与实施 …………（131）

模块四　游戏活动指导 …………………………………………… (141)

　　项目1　角色游戏 ………………………………………………… (142)

　　项目2　表演游戏 ………………………………………………… (149)

　　项目3　建构游戏 ………………………………………………… (159)

　　项目4　智力游戏 ………………………………………………… (163)

模块五　幼儿园环境创设 ………………………………………… (167)

　　项目1　活动室区域规划 ………………………………………… (168)

　　项目2　活动区布置与材料投放 ………………………………… (174)

　　项目3　走廊环境创设 …………………………………………… (181)

　　项目4　户外活动场地环境创设 ………………………………… (188)

附录 …………………………………………………………………… (192)

模块一
幼儿保育活动指导

幼儿阶段是人一生发展中最重要的时期,由于其身心发育尚未成熟,科学有效地实施保育工作就显得尤为重要。保育工作是幼儿园的基础性工作,是幼儿园生存和发展的基础,也是保障幼儿生存与发展权利的重要手段,对实现幼儿全面健康协调发展具有不可替代的重要价值。保育实习有以下几方面的目的:

1.通过见习、实习保育员的生活管理工作,初步熟悉幼儿在园一日的生活环节,掌握有关保健知识和技能,进一步明确保教结合的思想理念,培养学生热爱幼儿、服务幼儿、主动承担劳动任务的良好品德;

2.通过见习原任教师的工作,观察幼儿在一日各项活动中的表现,将已学过的专业知识联系实际,进行分析思考,从而加深对专业理论的理解,并进一步培养热爱专业的思想情感;

3.培养学生自学、自教、自治、自理等独立工作的能力,以及谦逊、友好、团结、协作等合作共事的能力。

学前儿童保育活动主要包括学前儿童生活活动中的保育、学前儿童游戏活动中的保育、学前儿童学习活动中的保育和学前儿童体育活动中的保育。本模块主要从学前儿童生活活动中的保育各环节出发,要求实习生通过见习实习活动来观察记录和了解幼儿一日生活活动中各环节的主要内容、管理方式和实施状况等,这是学前教育专业学生熟悉幼儿园保育活动、掌握幼儿园保育活动开展方式、熟练走向工作岗位的第一步。

项目1　幼儿园一日活动流程

　　幼儿园一日活动流程是指学前教育机构把学前儿童每日在园（所）内的主要活动在时间和顺序上合理科学地安排，相对地固定下来形成一种制度，也可称生活制度。它主要包括来园、进餐、排便、盥洗、主题活动、睡眠、游戏、户外活动、离园等环节。

一、实训任务和要求

　　1.观察幼儿园教师开展幼儿保育工作的内容、方式和技巧，为进入工作岗位做准备；

　　2.观察保育过程中幼儿的参与和互动情况；

　　3.了解3~6岁各年龄段幼儿的保育知识，包括生长发育规律和评价、营养知识、活动中的保育、常用的护理方法等；

　　4.尝试运用专业理论知识指导自己组织和开展幼儿园保育活动。

二、观察记录作业单

幼儿园一日活动流程记录表

班级		人数		日期	
日期时间	活动内容		观察实录		

备注：

1.幼儿园一日活动流程记录表用来记录幼儿从入园到离园所有环节展开的时间与内容；

2.观察实录部分要完整、准确记录每一环节中的教师工作内容、幼儿行为等。

幼儿园一日活动流程记录表

班级		人数		日期	
日期时间	活动内容		观察实录		

备注：

  1.幼儿园一日活动流程记录表用来记录幼儿从入园到离园所有环节展开的时间与内容；

  2.观察实录部分要完整、准确记录每一环节中的教师工作内容、幼儿行为等。

幼儿园一日活动流程记录表

班级		人数		日期	
日期时间	活动内容		观察实录		

备注：

1.幼儿园一日活动流程记录表用来记录幼儿从入园到离园所有环节展开的时间与内容；

2.观察实录部分要完整、准确记录每一环节中的教师工作内容、幼儿行为等。

幼儿园一日活动流程记录表

班级		人数		日期	
日期时间	活动内容		观察实录		

备注:

　　1.幼儿园一日活动流程记录表用来记录幼儿从入园到离园所有环节展开的时间与内容;

　　2.观察实录部分要完整、准确记录每一环节中的教师工作内容、幼儿行为等。

保育工作记录表

日期时间	工作内容	职责要求

备注:
1. 保育工作记录表用来记录保育员从入园到离园所有环节的工作内容；
2. 职责要求部分记录此环节中保育员的工作准则。

保育工作记录表

日期时间	工作内容	职责要求

备注:
1. 保育工作记录表用来记录保育员从入园到离园所有环节的工作内容;
2. 职责要求部分记录此环节中保育员的工作准则。

保育工作记录表

日期时间	工作内容	职责要求

备注：
1. 保育工作记录表用来记录保育员从入园到离园所有环节的工作内容；
2. 职责要求部分记录此环节中保育员的工作准则。

保育工作记录表

日期时间	工作内容	职责要求

备注：

1. 保育工作记录表用来记录保育员从入园到离园所有环节的工作内容；
2. 职责要求部分记录此环节中保育员的工作准则。

项目 2　幼儿晨间活动观察记录

　　幼儿晨间活动是一天生活的开始,做好晨间工作对于一天保教工作的顺利开展具有重要意义。幼儿晨间活动主要包括晨间接待、晨间检查和晨间活动三部分。实习初期,学生可以重点观察晨间活动期间教师的行为,并做好记录工作。实习中后期,在熟悉幼儿园晨间活动流程和内容之后,学生可以积极主动参与到晨间活动的各项工作中去。如在晨间接待、晨间检查和晨间活动期间发现幼儿有异常情况,应立即报告主班教师,必要时可及时处理,采取隔离、治疗等预防措施。

一、实训任务和要求

(一)晨间接待方面

　　1.观察教师晨间接待方式,如是否热情对待家长及幼儿、是否教育幼儿使用礼貌用语、是否指导幼儿将衣物放整齐等;

　　2.记录教师了解幼儿在家的情况以及和家长交换意见的过程;

　　3.尝试与幼儿亲切交谈,缓解幼儿早晨入园的不适应或焦虑情绪,对胆怯、孤僻、行为反常或生病孩子多一些关注,引导他们尽快融入各项活动中。

(二)晨间检查方面

观察记录并学习晨间检查的内容和方法:

　　1.一摸:摸幼儿额头、颈部和手心有无发热;

　　2.二看:看幼儿精神和面色是否正常,有无流涕、皮疹、咽部充血、伤痕等;

　　3.三问:问家长幼儿在家的饮食、睡眠、大小便等一般情况,问幼儿身体有无不舒服的感觉;

　　4.四查:检查口袋里有无不安全的物品。

(三)晨间活动方面

　　1.观察记录幼儿晨间活动参与的整体情况,包括区角选择、活动主题、类型、方式等;

　　2.记录教师在幼儿晨间活动期间的组织情况、介入幼儿活动的时机方式和指导幼儿活动的方式等;

　　3.观察教师在晨间活动期间对特殊幼儿的个别教育;

　　4.尝试指导中、大班幼儿做值日生工作,如洗水杯、擦桌椅、给自然角的动物喂食和给植物浇水等。

二、观察记录作业单

幼儿园晨检观察记录表

班级	日期时间	应到人数	实到人数	缺勤原因		摸	看	问	查
				事假	病假				

备注：
1. 幼儿园晨检观察记录表用来记录幼儿到园情况、缺勤情况及缺勤原因；
2. 观察幼儿入园时教师是否有"摸、看、问、查"的检查过程，有请打"√"，无请打"×"。

幼儿园晨检观察记录表

班级	日期时间	应到人数	实到人数	缺勤原因		摸	看	问	查
				事假	病假				

备注：

1. 幼儿园晨检观察记录表用来记录幼儿到园情况、缺勤情况及缺勤原因；
2. 观察幼儿入园时教师是否有"摸、看、问、查"的检查过程，有请打"√"，无请打"×"。

幼儿园晨检观察记录表

班级	日期时间	应到人数	实到人数	缺勤原因		摸	看	问	查
				事假	病假				

备注：
1. 幼儿园晨检观察记录表用来记录幼儿到园情况、缺勤情况及缺勤原因；
2. 观察幼儿入园时教师是否有"摸、看、问、查"的检查过程，有请打"√"，无请打"×"。

幼儿园晨检观察记录表

班级	日期时间	应到人数	实到人数	缺勤原因		摸	看	问	查
				事假	病假				

备注：
1. 幼儿园晨检观察记录表用来记录幼儿到园情况、缺勤情况及缺勤原因；
2. 观察幼儿入园时教师是否有"摸、看、问、查"的检查过程，有请打"√"，无请打"×"。

幼儿晨间活动观察记录表

班级		人数		日期 时间	
幼儿					
教师					
总结、反思与建议					

备注：幼儿晨间活动观察记录表用来记录晨间活动期间教师与幼儿的行为表现。

幼儿晨间活动观察记录表

班级		人数		日期时间	
幼儿					
教师					
总结、反思与建议					

备注：幼儿晨间活动观察记录表用来记录晨间活动期间教师与幼儿的行为表现。

幼儿晨间活动观察记录表

班级		人数		日期时间	
幼儿					
教师					
总结、反思与建议					

备注：幼儿晨间活动观察记录表用来记录晨间活动期间教师与幼儿的行为表现。

幼儿晨间活动观察记录表

班级		人数		日期时间	
幼儿					
教师					
总结、反思与建议					

备注：幼儿晨间活动观察记录表用来记录晨间活动期间教师与幼儿的行为表现。

项目3　幼儿户外活动观察记录

幼儿户外活动主要是指幼儿在户外进行的锻炼,是幼儿一日生活中不可缺少的内容。《幼儿园工作规程》第十八条规定:幼儿户外活动时间在正常情况下每天不得少于2小时,寄宿制幼儿园不得少于3小时;高寒、高温地区可酌情增减。幼儿户外活动包括常规的早操、户外体育活动、游戏和一些非预设性户外活动。观察幼儿户外活动,可从活动开始前、活动进行中、活动结束后三个时间段内教师的保育工作内容进行分析记录。

一、实训任务和要求

1. 活动开始前,观察教师在场地卫生清洁、场地安全、场地布置、运动器械准备、幼儿着装等环节中的操作方法和注意事项;

2. 活动进行时,协助主班教师共同关注幼儿的活动安全、身体健康状况;

3. 照顾保护个别特殊幼儿;

4. 活动结束后,协助保育员对幼儿进行水分补充等照料工作;

5. 运用个案观察法对某一幼儿在户外活动中关于保育方面的行为、语言等进行详细连续的记录(如产生饮水、如厕、擦汗需求时的语言与行为)。

二、观察记录作业单

幼儿户外活动观察记录表(教师行为)

班级		教师姓名		教师职务		日期时间	
活动类型	☐早操　　☐户外体育活动　　☐游戏　　☐非预设性户外活动							
活动开始前								
活动进行中								
活动结束后								
总结、反思与建议								

备注：

1. 幼儿户外活动观察记录表(教师行为)用来记录教师在活动展开前、中、后三个阶段的保育工作内容和方法；

2. 教师职务栏填写组织活动教师的身份(主班教师、配班教师、保育员、专职体育教师、其他)。

幼儿户外活动观察记录表(教师行为)

班级		教师姓名		教师职务		日期时间	
活动类型		☐早操　　☐户外体育活动　　☐游戏　　☐非预设性户外活动					
活动开始前							
活动进行中							
活动结束后							
总结、反思与建议							

备注：

1. 幼儿户外活动观察记录表(教师行为)用来记录教师在活动展开前、中、后三个阶段的保育工作内容和方法；
2. 教师职务栏填写组织活动教师的身份(主班教师、配班教师、保育员、专职体育教师、其他)。

幼儿户外活动观察记录表(教师行为)

班级		教师姓名		教师职务		日期时间	
活动类型	\multicolumn{7}{l}{ □早操　□户外体育活动　□游戏　□非预设性户外活动 }
活动开始前							
活动进行中							
活动结束后							
总结、反思与建议							

备注：

1. 幼儿户外活动观察记录表(教师行为)用来记录教师在活动展开前、中、后三个阶段的保育工作内容和方法；

2. 教师职务栏填写组织活动教师的身份(主班教师、配班教师、保育员、专职体育教师、其他)。

幼儿户外活动观察记录表（教师行为）

班级		教师姓名		教师职务		日期时间	
活动类型		□早操　□户外体育活动　□游戏　□非预设性户外活动					
活动开始前							
活动进行中							
活动结束后							
总结、反思与建议							

备注：

　　1.幼儿户外活动观察记录表（教师行为）用来记录教师在活动展开前、中、后三个阶段的保育工作内容和方法；

　　2.教师职务栏填写组织活动教师的身份（主班教师、配班教师、保育员、专职体育教师、其他）。

幼儿户外活动观察记录表（幼儿行为）

班级		开展活动教师姓名		日期时间	
观察对象		性别		年龄	
幼儿活动参与情况记录					
评价与分析					
指导策略					

备注：
　　建议使用个案观察法，选定观察幼儿，持续观察记录其在户外活动中关于保育方面的行为、语言等。

幼儿户外活动观察记录表(幼儿行为)

班级		开展活动教师姓名		日期时间	
观察对象		性别		年龄	
幼儿活动参与情况记录					
评价与分析					
指导策略					

备注:
　　建议使用个案观察法,选定观察幼儿,持续观察记录其在户外活动中关于保育方面的行为、语言等。

幼儿户外活动观察记录表(幼儿行为)

班级		开展活动教师姓名		日期时间	
观察对象		性别		年龄	
幼儿活动参与情况记录					
评价与分析					
指导策略					

备注:
　　建议使用个案观察法,选定观察幼儿,持续观察记录其在户外活动中关于保育方面的行为、语言等。

幼儿户外活动观察记录表(幼儿行为)

班级		开展活动教师姓名		日期时间	
观察对象		性别		年龄	
幼儿活动参与情况记录					
评价与分析					
指导策略					

备注:
　　建议使用个案观察法,选定观察幼儿,持续观察记录其在户外活动中关于保育方面的行为、语言等。

项目4　幼儿进餐活动观察记录

　　进餐是幼儿健康和谐全面发展的基础保障,幼儿进餐也是一日常规活动中的重要环节。"生活即教育",对幼儿实施进餐教育不仅利于幼儿良好进餐习惯的养成,还能够促进幼儿人格品质、多元智能的发展,所以幼儿进餐有其不容忽视的教育价值。2001年国家颁布《幼儿园教育指导纲要(试行)》,该文件要求必须"培养幼儿良好的饮食、睡眠、盥洗、排泄等生活习惯和生活自理能力"。

一、实训任务和要求

1. 咨询记录幼儿园制订的餐点数、进餐时间、幼儿正餐间隔时间;
2. 观察教师在餐前活动、餐中教育、餐后活动中的教育行为;
3. 观察幼儿用餐独立性、专注性和用餐技能等;
4. 记录幼儿园每周食谱安排表,尝试从营养均衡的角度进行餐谱分析;
5. 协助教师进行幼儿用餐活动的管理。

二、观察记录作业单

幼儿园食谱记录与分析表

		星期一	星期二	星期三	星期四	星期五
食谱记录	早餐					
	午餐					
	午点					
	晚餐					
食谱分析						
备注：食谱分析可以结合幼儿年龄与身体发展水平从食物搭配、营养摄入等方面进行。						

幼儿园食谱记录与分析表

		星期一	星期二	星期三	星期四	星期五
食谱记录	早餐					
	午餐					
	午点					
	晚餐					
食谱分析						

备注：食谱分析可以结合幼儿年龄与身体发展水平从食物搭配、营养摄入等方面进行。

幼儿园食谱记录与分析表

		星期一	星期二	星期三	星期四	星期五
食谱记录	早餐					
	午餐					
	午点					
	晚餐					
食谱分析						

备注：食谱分析可以结合幼儿年龄与身体发展水平从食物搭配、营养摄入等方面进行。

幼儿园食谱记录与分析表

		星期一	星期二	星期三	星期四	星期五
食谱记录	早餐					
	午餐					
	午点					
	晚餐					
食谱分析						

备注：食谱分析可以结合幼儿年龄与身体发展水平从食物搭配、营养摄入等方面进行。

幼儿进餐情况观察记录表

班级			观察时间	
观察对象		性别		年龄	
观察记录	
观察分析	
措施建议	

备注：建议使用个案观察法，持续记录某一幼儿在各时段进餐的行为表现。

幼儿进餐情况观察记录表

班级			观察时间	
观察对象		性别		年龄	
观察记录	
观察分析	
措施建议	

备注：建议使用个案观察法，持续记录某一幼儿在各时段进餐的行为表现。

幼儿进餐情况观察记录表

班级			观察时间	
观察对象		性别		年龄	

观察记录	
观察分析	
措施建议	

备注：建议使用个案观察法，持续记录某一幼儿在各时段进餐的行为表现。

幼儿进餐情况观察记录表

班级			观察时间		
观察对象		性别		年龄	
观察记录					
观察分析					
措施建议					

备注：建议使用个案观察法，持续记录某一幼儿在各时段进餐的行为表现。

项目5　幼儿午睡活动观察记录

幼儿午睡活动作为幼儿园一日生活中重要的一环,是培养幼儿知、情、意、行的重要契机。教师能否合理有效地组织幼儿的午睡活动关系到幼儿的健康成长和幼儿园教学游戏活动的正常开展,也是衡量一个幼儿园保教质量的关键指标。观察幼儿午睡活动,可以从午睡前、午睡中、午睡后三个阶段进行。

一、实训任务和要求

1.观察午睡前教师在散步活动、安静活动、检查提醒活动、午睡环境方面的准备工作;

2.记录分析幼儿午睡过程中教师的组织管理情况、值班情况、对特殊幼儿的午睡照料等;

3.记录幼儿午睡整体情况,包括午睡时间、午睡质量、午睡存在的问题等;

4.观察记录午睡后的起床环节、安静环节、午后餐点中教师的工作内容与方式等。

二、观察记录作业单

幼儿午睡情况观察记录表

班级		观察时间	
内容	实录		分析与评价
午睡前			
午睡中幼儿情况			
午睡中教师看护			
午睡后			
其他			

幼儿午睡情况观察记录表

班级		观察时间	
内容	实录		分析与评价
午睡前			
午睡中 幼儿情况			
午睡中 教师看护			
午睡后			
其他			

幼儿午睡情况观察记录表

班级		观察时间		
内容	实录			分析与评价
午睡前				
午睡中 幼儿情况				
午睡中 教师看护				
午睡后				
其他				

幼儿午睡情况观察记录表

班级		观察时间	
内容	实录		分析与评价
午睡前			
午睡中 幼儿情况			
午睡中 教师看护			
午睡后			
其他			

项目6 幼儿如厕、盥洗活动观察记录

如厕和盥洗是幼儿园一日活动中重要的生活环节,它能反映孩子最基本的生活自理能力和卫生习惯。幼儿如厕与盥洗能力的培养是幼儿园生活教育的一项内容,在提高幼儿的生活自理能力、智力、情感表达能力、独立性、克服困难能力等的发展方面有重要意义,能保证幼儿身心和谐健康地发展。

一、实训任务和要求

1. 观察记录保育员在养成幼儿良好如厕、盥洗习惯方面的教育措施;
2. 从幼儿习惯养成和身体健康角度出发,尝试评析幼儿如厕和盥洗环境;
3. 观察班级是否有不能清楚表达如厕需求的幼儿,并进行长期观察记录;
4. 观察幼儿是否按照"七步洗手法"进行正确盥洗;
5. 记录幼儿如厕、盥洗时的习惯行为,尝试从幼儿健康领域教育目标出发进行总结反思。

二、观察记录作业单

幼儿盥洗情况观察记录表

班级				日期			时间				
幼儿姓名	盥洗情况			盥洗习惯							
	主动洗手	提醒下洗手	提醒后未洗手	排队等待	放水适量	使用肥皂	洗后关阀	擦干湿手	乘机玩水	用水嬉戏	饮用生水

备注:幼儿盥洗情况观察记录表中盥洗情况一栏为三选一,盥洗习惯一栏每部分都可以勾选。

模块一 幼儿保育活动指导

幼儿盥洗情况观察记录表

班级				日期			时间				
幼儿姓名	盥洗情况			盥洗习惯							
	主动洗手	提醒下洗手	提醒后未洗手	排队等待	放水适量	使用肥皂	洗后关阀	擦干湿手	乘机玩水	用水嬉戏	饮用生水

备注：幼儿盥洗情况观察记录表中盥洗情况一栏为三选一,盥洗习惯一栏每部分都可以勾选。

幼儿盥洗情况观察记录表

班级				日期			时间			
幼儿姓名	盥洗情况			盥洗习惯						
	主动洗手	提醒下洗手	提醒后未洗手	排队等待	放水适量	使用肥皂	洗后关阀	擦干湿手	乘机玩水	用水嬉戏	饮用生水

备注：幼儿盥洗情况观察记录表中盥洗情况一栏为三选一，盥洗习惯一栏每部分都可以勾选。

幼儿盥洗情况观察记录表

班级				日期			时间				
幼儿姓名	盥洗情况			盥洗习惯							
	主动洗手	提醒下洗手	提醒后未洗手	排队等待	放水适量	使用肥皂	洗后关阀	擦干湿手	乘机玩水	用水嬉戏	饮用生水

备注：幼儿盥洗情况观察记录表中盥洗情况一栏为三选一，盥洗习惯一栏每部分都可以勾选。

幼儿如厕行为观察记录表

幼儿姓名	幼儿如厕环境		幼儿如厕行为表现				老师行为表现	备注
	便具情况	刺激因素	小便自理情况	大便自理情况	整理衣服情况	便后清洁情况		

说明：

便具情况：1.蹲便器；2.坐便器；3.其他（在备注栏说明是哪种类型）。

刺激因素：1.幼儿自身需要；2.成人要求；3.模仿同伴；4.直接尿湿裤子。

小、大便自理情况：1.自己处理；2.要求成人帮忙；3.成人主动帮忙。

整理衣服情况：1.自己整理；2.要求成人帮助；3.成人主动帮助。

便后清洁情况：1.主动冲水、洗手；2.成人要求；3.成人主动帮助。

备注：

幼儿如厕行为观察记录表可以在某一时间段内记录多名幼儿的情况，也可使用个案观察法持续观察一名幼儿的情况。

幼儿如厕行为观察记录表

幼儿姓名	幼儿如厕环境		幼儿如厕行为表现				老师行为表现	备注
	便具情况	刺激因素	小便自理情况	大便自理情况	整理衣服情况	便后清洁情况		

说明：

便具情况：1.蹲便器；2.坐便器；3.其他（在备注栏说明是哪种类型）。

刺激因素：1.幼儿自身需要；2.成人要求；3.模仿同伴；4.直接尿湿裤子。

小、大便自理情况：1.自己处理；2.要求成人帮忙；3.成人主动帮忙。

整理衣服情况：1.自己整理；2.要求成人帮助；3.成人主动帮助。

便后清洁情况：1.主动冲水、洗手；2.成人要求；3.成人主动帮助。

备注：

幼儿如厕行为观察记录表可以在某一时间段内记录多名幼儿的情况，也可使用个案观察法持续观察一名幼儿的情况。

幼儿如厕行为观察记录表

幼儿姓名	幼儿如厕环境		幼儿如厕行为表现				老师行为表现	备注
	便具情况	刺激因素	小便自理情况	大便自理情况	整理衣服情况	便后清洁情况		

说明：

便具情况：1.蹲便器；2.坐便器；3.其他（在备注栏说明是哪种类型）。

刺激因素：1.幼儿自身需要；2.成人要求；3.模仿同伴；4.直接尿湿裤子。

小、大便自理情况：1.自己处理；2.要求成人帮忙；3.成人主动帮忙。

整理衣服情况：1.自己整理；2.要求成人帮助；3.成人主动帮助。

便后清洁情况：1.主动冲水、洗手；2.成人要求；3.成人主动帮助。

备注：

幼儿如厕行为观察记录表可以在某一时间段内记录多名幼儿的情况，也可使用个案观察法持续观察一名幼儿的情况。

幼儿如厕行为观察记录表

幼儿姓名	幼儿如厕环境		幼儿如厕行为表现				老师行为表现	备注
	便具情况	刺激因素	小便自理情况	大便自理情况	整理衣服情况	便后清洁情况		

说明:

便具情况:1.蹲便器;2.坐便器;3.其他(在备注栏说明是哪种类型)。

刺激因素:1.幼儿自身需要;2.成人要求;3.模仿同伴;4.直接尿湿裤子。

小、大便自理情况:1.自己处理;2.要求成人帮忙;3.成人主动帮忙。

整理衣服情况:1.自己整理;2.要求成人帮助;3.成人主动帮助。

便后清洁情况:1.主动冲水、洗手;2.成人要求;3.成人主动帮助。

备注:

幼儿如厕行为观察记录表可以在某一时间段内记录多名幼儿的情况,也可使用个案观察法持续观察一名幼儿的情况。

项目7　幼儿离园活动观察记录

离园活动是幼儿园一日生活的重要组成部分和最后环节。组织好离园活动不仅仅是教师的基本技能,有利于教师对幼儿的有效管理,更是家长了解幼儿园的一个窗口,便于家园之间的沟通、合作。

一、实训任务和要求

1. 协助保育员清扫室内地面,整理零星、散落的玩具和图书;
2. 观察、学习并和带班老师一起整理幼儿仪容仪表、个人物品等;
3. 等待期间,与幼儿进行互动,关注幼儿的情绪状态;
4. 记录带班老师与家长关于幼儿在园情况的交流内容和方式;
5. 对剩余个别幼儿进行照料。

二、观察记录作业单

幼儿离园情况观察记录表

班级					人数			
日期	幼儿姓名	幼儿情绪状态			接送人	带回物品	与家长沟通内容
		好	中	差			
教师工作情况								

幼儿离园情况观察记录表

班级					人数			
日期	幼儿姓名	幼儿情绪状态			接送人	带回物品	与家长沟通内容
		好	中	差			
教师工作情况								

幼儿离园情况观察记录表

班级					人数			
日期	幼儿姓名	幼儿情绪状态			接送人	带回物品	与家长沟通内容
		好	中	差			
教师工作情况								

幼儿离园情况观察记录表

班级					人数			
日期	幼儿姓名	幼儿情绪状态			接送人	带回物品	与家长沟通内容
		好	中	差			

教师工作情况	

模块二

幼儿心理与行为观察与指导

观察不仅是人们感知世界、获取经验与知识的一个重要途径,也是一种重要的教育科学研究方法。观察幼儿行为是理解幼儿的第一步,唯有潜心地观察,客观地记录,全面地解读,从活动的情境中感知幼儿语言或行为的意义,才可能逐渐走进幼儿的世界,并在幼儿学习过程中给予适当的帮助。

项目1 幼儿动作发展观察与评价

一、实训任务和要求

1. 实训任务:观察、记录幼儿身体和动作的发展。
2. 实训要求:
(1)到幼儿园选择1~3名幼儿进行至少连续一周的追踪观察;
(2)重点记录幼儿在户外体育活动、建构区和美工区活动时的动作发展情况;
(3)能够对幼儿动作的发展进行评价。

二、观察记录作业单

1. 小班幼儿动作发展评价量表如下:

小班幼儿动作发展评价量表 1

幼儿姓名			性别		班别		年龄			
项目		内容要求					优	良	中	差
大肌肉动作	走	上体正直自然行走								
	跑	两臂在体侧曲肘自然跑								
	跳	立定跳远60厘米								
	平衡	能单脚站立10秒								
	拍球	单手连续拍球10下								
小肌肉动作	画	能用笔描出画好的直线								
	剪	能沿画好的直线将纸剪开								
	折纸	会对边对角折								
	穿珠子	30秒内穿珠子4个								
分析与评价										

小班幼儿动作发展评价量表 2

幼儿姓名			性别		班别		年龄			
项目		内容要求					优	良	中	差
大肌肉动作	走	上体正直自然行走								
	跑	两臂在体侧曲肘自然跑								
	跳	立定跳远60厘米								
	平衡	能单脚站立10秒								
	拍球	单手连续拍球10下								
小肌肉动作	画	能用笔描出画好的直线								
	剪	能沿画好的直线将纸剪开								
	折纸	会对边对角折								
	穿珠子	30秒内穿珠子4个								
分析与评价										

小班幼儿动作发展评价量表 3

幼儿姓名		性别		班别		年龄		
项目		内容要求				优	良	中	差

项目		内容要求	优	良	中	差
大肌肉动作	走	上体正直自然行走				
	跑	两臂在体侧曲肘自然跑				
	跳	立定跳远60厘米				
	平衡	能单脚站立10秒				
	拍球	单手连续拍球10下				
小肌肉动作	画	能用笔描出画好的直线				
	剪	能沿画好的直线将纸剪开				
	折纸	会对边对角折				
	穿珠子	30秒内穿珠子4个				
分析与评价						

2.中班幼儿动作发展评价量表如下:

中班幼儿动作发展评价量表 1

幼儿姓名			性别		班别		年龄			
项目		内容要求					优	良	中	差
大肌肉动作	走	上体正直、上下肢体协调地走								
	跑	协调、轻松地跑								
	跳	立定跳远 80 厘米								
	平衡	能单脚站立 20 秒								
	拍球	左右手交替拍球 15 下								
小肌肉动作	画	能用笔描出画好的圆圈,并在轮廓内均匀地涂色								
	剪	会剪简单图形								
	折纸	会用其中一角折出双正方形、双三角形的方法折出较平整的物体								
	穿珠子	30 秒内穿珠子 7 个								
分析与评价										

中班幼儿动作发展评价量表 2

幼儿姓名		性别		班别		年龄			
项目		内 容 要 求				优	良	中	差
大肌肉动作	走	上体正直、上下肢体协调地走							
	跑	协调、轻松地跑							
	跳	立定跳远80厘米							
	平衡	能单脚站立20秒							
	拍球	左右手交替拍球15下							
小肌肉动作	画	能用笔描出画好的圆圈，并在轮廓内均匀地涂色							
	剪	会剪简单图形							
	折纸	会用其中一角折出双正方形、双三角形的方法折出较平整的物体							
	穿珠子	30秒内穿珠子7个							
分析与评价									

中班幼儿动作发展评价量表 3

幼儿姓名		性别		班别		年龄				
项目		内容要求					优	良	中	差
大肌肉动作	走	上体正直、上下肢体协调地走								
	跑	协调、轻松地跑								
	跳	立定跳远80厘米								
	平衡	能单脚站立20秒								
	拍球	左右手交替拍球15下								
小肌肉动作	画	能用笔描出画好的圆圈,并在轮廓内均匀地涂色								
	剪	会剪简单图形								
	折纸	会用其中一角折出双正方形、双三角形的方法折出较平整的物体								
	穿珠子	30秒内穿珠子7个								
分析与评价										

3. 大班幼儿动作发展评价量表如下:

大班幼儿动作发展评价量表 1

幼儿姓名			性别		班别		年龄		
项目		内容要求				优	良	中	差
大肌肉动作	走	听信号自然、协调地走							
	跑	听信号改变方向和变速跑							
	跳	立定跳远100厘米							
	平衡	能单脚站立30秒							
	拍球	单手运球10米							
小肌肉动作	画	能绘制点、线、面并均匀涂色							
	剪	会剪较复杂的图形							
	折纸	会用两张以上的纸折出简单的组合玩具							
	穿珠子	30秒内穿珠子8个							
分析与评价									

大班幼儿动作发展评价量表 2

幼儿姓名			性别		班别		年龄			
项目		内容要求					优	良	中	差
大肌肉动作	走	听信号自然、协调地走								
	跑	听信号改变方向和变速跑								
	跳	立定跳远100厘米								
	平衡	能单脚站立30秒								
	拍球	单手运球10米								
小肌肉动作	画	能绘制点、线、面并均匀涂色								
	剪	会剪较复杂的图形								
	折纸	会用两张以上的纸折出简单的组合玩具								
	穿珠子	30秒内穿珠子8个								
分析与评价										

大班幼儿动作发展评价量表 3

幼儿姓名			性别		班别		年龄		
项目		内容要求				优	良	中	差
大肌肉动作	走	听信号自然、协调地走							
	跑	听信号改变方向和变速跑							
	跳	立定跳远100厘米							
	平衡	能单脚站立30秒							
	拍球	单手运球10米							
小肌肉动作	画	能绘制点、线、面并均匀涂色							
	剪	会剪较复杂的图形							
	折纸	会用两张以上的纸折出简单的组合玩具							
	穿珠子	30秒内穿珠子8个							
分析与评价									

项目2　幼儿认知和语言发展观察与评价

一、实训任务和要求

1. 实训任务:观察、记录幼儿认知和语言的发展。
2. 实训要求：
(1)到幼儿园选择1~3名幼儿进行至少连续一周的追踪观察;
(2)能够通过谈话法、观察法和自然实验法了解幼儿的感知能力、思维能力、知识经验及其语言能力的发展状况;
(3)能够对幼儿认知和语言的发展进行评价。

二、观察记录作业单

1. 小班幼儿认知与语言发展评价量表如下：

小班幼儿认知与语言发展评价量表1

姓名		性别		班别		年龄			
项目		内容要求				优	良	中	差
感知能力	空间	知道上下、里外							
	时间	知道白天、黑夜、早上、晚上							
	形状	认识圆形、三角形、正方形、长方形							
	观察力	能感知事物的明显特征							
思维能力	分类	能感知事物的明显特征分类							
	想象	能根据图形进行想象							
	数概念	掌握10以内数的实际意义							
	守恒	5以内数的守恒							
知识经验	季节	了解夏季和冬季的明显特征							
	动物	认识常见小动物并了解其主要特征							
	植物	认识常见植物							
	社会角色	知道3~4种成人劳动							
	音乐	能独自奏唱简单歌曲；按乐（歌）曲节拍做简单动作							
	美术	能用画、搓、团等方法表现简单事物							
语言能力	词汇	掌握常用的名词、动词和形容词							
	讲述	能用完整的简单句讲述							
	回答问题	能针对提问回答简单问题							
	理解文学作品	知道简单故事中的角色和发生的事情							
	阅读	会一页一页翻看图书							
分析与评价									

小班幼儿认知与语言发展评价量表 2

姓名		性别		班别		年龄				
项目		内容要求					优	良	中	差
感知能力	空间	知道上下、里外								
	时间	知道白天、黑夜、早上、晚上								
	形状	认识圆形、三角形、正方形、长方形								
	观察力	能感知事物的明显特征								
思维能力	分类	能感知事物的明显特征分类								
	想象	能根据图形进行想象								
	数概念	掌握10以内数的实际意义								
	守恒	5以内数的守恒								
知识经验	季节	了解夏季和冬季的明显特征								
	动物	认识常见小动物并了解其主要特征								
	植物	认识常见植物								
	社会角色	知道3~4种成人劳动								
	音乐	能独自奏唱简单歌曲;按乐(歌)曲节拍做简单动作								
	美术	能用画、搓、团等方法表现简单事物								
语言能力	词汇	掌握常用的名词、动词和形容词								
	讲述	能用完整的简单句讲述								
	回答问题	能针对提问回答简单问题								
	理解文学作品	知道简单故事中的角色和发生的事情								
	阅读	会一页一页翻看图书								
分析与评价										

小班幼儿认知与语言发展评价量表 3

姓名		性别		班别		年龄			
项目		内容要求				优	良	中	差
感知能力	空间	知道上下、里外							
	时间	知道白天、黑夜、早上、晚上							
	形状	认识圆形、三角形、正方形、长方形							
	观察力	能感知事物的明显特征							
思维能力	分类	能感知事物的明显特征分类							
	想象	能根据图形进行想象							
	数概念	掌握10以内数的实际意义							
	守恒	5以内数的守恒							
知识经验	季节	了解夏季和冬季的明显特征							
	动物	认识常见小动物并了解其主要特征							
	植物	认识常见植物							
	社会角色	知道3~4种成人劳动							
	音乐	能独自奏唱简单歌曲；按乐（歌）曲节拍做简单动作							
	美术	能用画、搓、团等方法表现简单事物							
语言能力	词汇	掌握常用的名词、动词和形容词							
	讲述	能用完整的简单句讲述							
	回答问题	能针对提问回答简单问题							
	理解文学作品	知道简单故事中的角色和发生的事情							
	阅读	会一页一页翻看图书							
分析与评价									

2.中班幼儿认知与语言发展评价量表如下:

中班幼儿认知与语言发展评价量表1

姓名		性别		班别		年龄		
项目		内容要求			优	良	中	差
感知能力	空间	知道前后、高低、远近						
	时间	知道今天、明天与昨天						
	形状	认识半圆形、椭圆形、圆形						
	观察力	能感知事物的某些细致特征						
思维能力	分类	能根据物品的功用分类						
	想象	能根据图形进行较丰富的想象						
	数概念	掌握10以内数的序数和实物匹配						
	守恒	10以内数的守恒						
知识经验	季节	知道四季名称和主要特征						
	动物	知道几类动物的习性与生存条件						
	植物	知道植物生长的主要条件						
	社会角色	知道5~6种成人劳动						
	音乐	会听前奏、间奏唱歌,能区分几种不同性质的乐曲						
	美术	能用几种(2~3种)材料较形象地表现事物的主要特征						
语言能力	词汇	掌握部分常用量词和反义词						
	讲述	能用完整的句子清楚地讲述						
	回答问题	能针对提问回答复杂的问题						
	理解文学作品	能按顺序说出故事的主要情节						
	阅读	能理解图画书的主要内容						
分析与评价								

中班幼儿认知与语言发展评价量表 2

姓名		性别		班别		年龄	

项目		内容要求	优	良	中	差
感知能力	空间	知道前后、高低、远近				
	时间	知道今天、明天与昨天				
	形状	认识半圆形、椭圆形、圆形				
	观察力	能感知事物的某些细致特征				
思维能力	分类	能根据物品的功用分类				
	想象	能根据图形进行较丰富的想象				
	数概念	掌握10以内数的序数和实物匹配				
	守恒	10以内数的守恒				
知识经验	季节	知道四季名称和主要特征				
	动物	知道几类动物的习性与生存条件				
	植物	知道植物生长的主要条件				
	社会角色	知道5～6种成人劳动				
	音乐	会听前奏、间奏唱歌,能区分几种不同性质的乐曲				
	美术	能用几种(2～3种)材料较形象地表现事物的主要特征				
语言能力	词汇	掌握部分常用量词和反义词				
	讲述	能用完整的句子清楚地讲述				
	回答问题	能针对提问回答复杂的问题				
	理解文学作品	能按顺序说出故事的主要情节				
	阅读	能理解图画书的主要内容				
分析与评价						

中班幼儿认知与语言发展评价量表 3

姓名		性别		班别		年龄				
项目		内容要求					优	良	中	差
感知能力	空间	知道前后、高低、远近								
	时间	知道今天、明天与昨天								
	形状	认识半圆形、椭圆形、圆形								
	观察力	能感知事物的某些细致特征								
思维能力	分类	能根据物品的功用分类								
	想象	能根据图形进行较丰富的想象								
	数概念	掌握10以内数的序数和实物匹配								
	守恒	10以内数的守恒								
知识经验	季节	知道四季名称和主要特征								
	动物	知道几类动物的习性与生存条件								
	植物	知道植物生长的主要条件								
	社会角色	知道5~6种成人劳动								
	音乐	会听前奏、间奏唱歌,能区分几种不同性质的乐曲								
	美术	能用几种(2~3种)材料较形象地表现事物的主要特征								
语言能力	词汇	掌握部分常用量词和反义词								
	讲述	能用完整的句子清楚地讲述								
	回答问题	能针对提问回答复杂的问题								
	理解文学作品	能按顺序说出故事的主要情节								
	阅读	能理解图画书的主要内容								
分析与评价										

3. 大班幼儿认知与语言评价量表如下：

大班幼儿认知与语言评价量表1

姓名		性别		班别		年龄			
项目		内容要求				优	良	中	差
感知能力	空间	知道以自身为中心的左右							
	时间	知道时间的某一点							
	形状	认识正方体、长方体、圆柱体							
	观察力	能较准确地感知事物的某些细致特征，发现相似事物的细微差别							
思维能力	分类	能根据概念分类							
	想象	能根据图形创造性地想象							
	数概念	掌握10以内数的组成和加减运算							
	守恒	了解长度和体积守恒							
知识经验	季节	知道四季轮换顺序及其与人们生活的关系							
	动物	知道环境与动物生存的关系							
	植物	知道植物对人和环境的益处							
	社会角色	知道8~9种成人劳动							
	音乐	能根据歌曲性质运用适宜的表现（力度、速度）演唱歌曲；会打四分、八分、十六分节奏；能根据乐曲性质用动作表达内心感受							
	美术	能使用多种材料较细致地反映周围事物和内心情感							
语言能力	词汇	掌握较多常用量词和反义词							
	讲述	能用完整的句子连贯地讲述							
	回答问题	能较准确、简练地回答较复杂的问题							
	理解文学作品	能概括故事的主题内容							
	阅读	知道阅读图书的正确方法							
分析与评价									

大班幼儿认知与语言评价量表 2

姓名		性别		班别		年龄			
项目		内容要求				优	良	中	差
感知能力	空间	知道以自身为中心的左右							
	时间	知道时间的某一点							
	形状	认识正方体、长方体、圆柱体							
	观察力	能较准确地感知事物的某些细致特征，发现相似事物的细微差别							
思维能力	分类	能根据概念分类							
	想象	能根据图形创造性地想象							
	数概念	掌握10以内数的组成和加减运算							
	守恒	了解长度和体积守恒							
知识经验	季节	知道四季轮换顺序及其与人们生活的关系							
	动物	知道环境与动物生存的关系							
	植物	知道植物对人和环境的益处							
	社会角色	知道8~9种成人劳动							
	音乐	能根据歌曲性质运用适宜的表现（力度、速度）演唱歌曲；会打四分、八分、十六分节奏；能根据乐曲性质用动作表达内心感受							
	美术	能使用多种材料较细致地反映周围事物和内心情感							
语言能力	词汇	掌握较多常用量词和反义词							
	讲述	能用完整的句子连贯地讲述							
	回答问题	能较准确、简练地回答较复杂的问题							
	理解文学作品	能概括故事的主题内容							
	阅读	知道阅读图书的正确方法							
分析与评价									

大班幼儿认知与语言评价量表3

姓名			性别		班别		年龄	
项目		内容要求				优	良	中	差

项目		内容要求	优	良	中	差
感知能力	空间	知道以自身为中心的左右				
	时间	知道时间的某一点				
	形状	认识正方体、长方体、圆柱体				
	观察力	能较准确地感知事物的某些细致特征,发现相似事物的细微差别				
思维能力	分类	能根据概念分类				
	想象	能根据图形创造性地想象				
	数概念	掌握10以内数的组成和加减运算				
	守恒	了解长度和体积守恒				
知识经验	季节	知道四季轮换顺序及其与人们生活的关系				
	动物	知道环境与动物生存的关系				
	植物	知道植物对人和环境的益处				
	社会角色	知道8～9种成人劳动				
	音乐	能根据歌曲性质运用适宜的表现(力度、速度)演唱歌曲;会打四分、八分、十六分节奏;能根据乐曲性质用动作表达内心感受				
	美术	能使用多种材料较细致地反映周围事物和内心情感				
语言能力	词汇	掌握较多常用量词和反义词				
	讲述	能用完整的句子连贯地讲述				
	回答问题	能较准确、简练地回答较复杂的问题				
	理解文学作品	能概括故事的主题内容				
	阅读	知道阅读图书的正确方法				
分析与评价						

项目3　幼儿品德和社会性发展观察与评价

一、实训任务和要求

1.实训任务:观察、记录幼儿品德和社会性的发展。
2.实训要求:
(1)到幼儿园选择 1~3 名幼儿进行至少连续一周的追踪观察;
(2)重点记录幼儿自我系统、情绪情感、文明习惯和交往行为的发展情况;
(3)能够对幼儿品德和社会性发展进行评价。

二、观察记录作业单

1. 小班幼儿品德和社会性发展评价量表如下：

小班幼儿品德和社会性发展评价量表1

姓名		性别		班别		年龄	
项目	内容要求				优	良	中	差

项目		内容要求	优	良	中	差
自我系统	自我认识	知道自己的姓名、性别、年龄				
	自信心	完成简单事务或任务时有信心				
	独立性	在教师鼓励和要求下能独立做事				
	坚持性	能有始有终做完一件简单的事				
	好胜心	在感兴趣的活动中能努力做好				
情绪情感	表达与控制情绪情感	情绪一般较稳定，经劝说能控制消极情绪				
	爱周围人	热爱、尊敬父母				
	爱集体	喜欢幼儿园，愿意参加集体活动				
文明习惯	礼貌	在成人的提醒下能使用礼貌用语				
	诚实	不说谎；不随便拿别人东西				
	合作	能与小朋友一起游戏				
	遵守规则	经提醒能遵守规则				
交往行为	与教师交往	对教师的主动交往能做出积极反应				
	与小朋友交往	对小朋友的主动交往能做出积极反应				
	与客人交往	见到客人不害羞，不回避				
	解决冲突	与小朋友发生冲突时经教师帮助能和解				
分析与评价						

小班幼儿品德和社会性发展评价量表 2

姓名		性别		班别		年龄				
项目		内容要求					优	良	中	差
自我系统	自我认识	知道自己的姓名、性别、年龄								
	自信心	完成简单事务或任务时有信心								
	独立性	在教师鼓励和要求下能独立做事								
	坚持性	能有始有终做完一件简单的事								
	好胜心	在感兴趣的活动中能努力做好								
情绪情感	表达与控制情绪情感	情绪一般较稳定,经劝说能控制消极情绪								
	爱周围人	热爱、尊敬父母								
	爱集体	喜欢幼儿园,愿意参加集体活动								
文明习惯	礼貌	在成人的提醒下能使用礼貌用语								
	诚实	不说谎;不随便拿别人东西								
	合作	能与小朋友一起游戏								
	遵守规则	经提醒能遵守规则								
交往行为	与教师交往	对教师的主动交往能做出积极反应								
	与小朋友交往	对小朋友的主动交往能做出积极反应								
	与客人交往	见到客人不害羞,不回避								
	解决冲突	与小朋友发生冲突时经教师帮助能和解								
分析与评价										

小班幼儿品德和社会性发展评价量表3

姓名		性别		班别		年龄	
项目		内容要求			优	良	中	差

项目		内容要求	优	良	中	差
自我系统	自我认识	知道自己的姓名、性别、年龄				
	自信心	完成简单事务或任务时有信心				
	独立性	在教师鼓励和要求下能独立做事				
	坚持性	能有始有终做完一件简单的事				
	好胜心	在感兴趣的活动中能努力做好				
情绪情感	表达与控制情绪情感	情绪一般较稳定,经劝说能控制消极情绪				
	爱周围人	热爱、尊敬父母				
	爱集体	喜欢幼儿园,愿意参加集体活动				
文明习惯	礼貌	在成人的提醒下能使用礼貌用语				
	诚实	不说谎;不随便拿别人东西				
	合作	能与小朋友一起游戏				
	遵守规则	经提醒能遵守规则				
交往行为	与教师交往	对教师的主动交往能做出积极反应				
	与小朋友交往	对小朋友的主动交往能做出积极反应				
	与客人交往	见到客人不害羞,不回避				
	解决冲突	与小朋友发生冲突时经教师帮助能和解				
分析与评价						

2.中班幼儿品德和社会性发展评价量表如下：

中班幼儿品德和社会性发展评价量表1

姓名		性别		班别		年龄			
项目		内 容 要 求				优	良	中	差
自我系统	自我认识	知道自己的爱好							
	自信心	完成稍有难度的任务时有信心							
	独立性	自己能做的事不请求帮助							
	坚持性	能坚持一段时间完成稍有难度的任务							
	好胜心	在竞赛及与他人同时进行的活动中努力争取好成绩							
情绪情感	表达与控制情绪情感	一般情绪状态较好，能用较平和的方式表达情绪；一般能自己调节与控制消极情绪							
	爱周围人	亲近班里的老师和小朋友							
	爱集体	在教师引导下能关心班里的事，为集体做好事							
文明习惯	礼貌	能主动使用礼貌用语							
	诚实	做错事能承认；拾到物品主动交还							
	合作	喜欢与小朋友合作游戏和做事							
	遵守规则	能自觉遵守规则							
交往行为	与教师交往	有时能主动与教师交往							
	与小朋友交往	有时能主动与小朋友交往							
	与客人交往	对客人的主动交往有积极反应							
	解决冲突	能用适宜的方式自己解决与小朋友的冲突							
分析与评价									

中班幼儿品德和社会性发展评价量表 2

姓名		性别		班别		年龄	
项目	\multicolumn{3}{c}{内容要求}			优	良	中	差

项目		内容要求	优	良	中	差
自我系统	自我认识	知道自己的爱好				
	自信心	完成稍有难度的任务时有信心				
	独立性	自己能做的事不请求帮助				
	坚持性	能坚持一段时间完成稍有难度的任务				
	好胜心	在竞赛及与他人同时进行的活动中努力争取好成绩				
情绪情感	表达与控制情绪情感	一般情绪状态较好,能用较平和的方式表达情绪;一般能自己调节与控制消极情绪				
	爱周围人	亲近班里的老师和小朋友				
	爱集体	在教师引导下能关心班里的事,为集体做好事				
文明习惯	礼貌	能主动使用礼貌用语				
	诚实	做错事能承认;拾到物品主动交还				
	合作	喜欢与小朋友合作游戏和做事				
	遵守规则	能自觉遵守规则				
交往行为	与教师交往	有时能主动与教师交往				
	与小朋友交往	有时能主动与小朋友交往				
	与客人交往	对客人的主动交往有积极反应				
	解决冲突	能用适宜的方式自己解决与小朋友的冲突				
分析与评价						

中班幼儿品德和社会性发展评价量表 3

姓名		性别		班别		年龄	
项目		内 容 要 求	优	良	中	差
自我系统	自我认识	知道自己的爱好				
	自信心	完成稍有难度的任务时有信心				
	独立性	自己能做的事不请求帮助				
	坚持性	能坚持一段时间完成稍有难度的任务				
	好胜心	在竞赛及与他人同时进行的活动中努力争取好成绩				
情绪情感	表达与控制情绪情感	一般情绪状态较好,能用较平和的方式表达情绪;一般能自己调节与控制消极情绪				
	爱周围人	亲近班里的老师和小朋友				
	爱集体	在教师引导下能关心班里的事,为集体做好事				
文明习惯	礼貌	能主动使用礼貌用语				
	诚实	做错事能承认;拾到物品主动交还				
	合作	喜欢与小朋友合作游戏和做事				
	遵守规则	能自觉遵守规则				
交往行为	与教师交往	有时能主动与教师交往				
	与小朋友交往	有时能主动与小朋友交往				
	与客人交往	对客人的主动交往有积极反应				
	解决冲突	能用适宜的方式自己解决与小朋友的冲突				
分析与评价						

3. 大班幼儿品德和社会性发展评价量表如下：

大班幼儿品德和社会性发展评价量表1

姓名		性别		班别		年龄			
项目		内容要求				优	良	中	差
自我系统	自我认识	知道自己的优缺点							
	自信心	完成没有做过或有较大难度的任务时有信心							
	独立性	喜欢独立做事情和独立思考问题							
	坚持性	经常能在较长时间内主动克服困难，实现活动目的							
	好胜心	做任何事都努力争取好结果							
情绪情感	表达与控制情绪情感	一般情绪状态良好，能用恰当的方式对不同情景做出适宜的情绪反应							
	爱周围人	关心父母、老师和小朋友，喜欢帮助他们做力所能及的事							
	爱集体	能主动关心班里的事，为集体做好事，维护集体荣誉							
文明习惯	礼貌	能在不同情景下主动使用礼貌用语，举止文明							
	诚实	做错事能承认，并努力改正；不背着成人做被禁止的事							
	合作	能成功地与小朋友合作游戏和做事							
	遵守规则	能自觉遵守并维护规则							
交往行为	与教师交往	常主动发起与教师的交往							
	与小朋友交往	经常主动发起与小朋友的交往							
	与客人交往	能主动与客人交往							
	解决冲突	能帮助解决其他小朋友之间的冲突							
分析与评价									

大班幼儿品德和社会性发展评价量表 2

姓名		性别		班别		年龄	
项目	内容要求				优	良	中	差

项目		内容要求	优	良	中	差
自我系统	自我认识	知道自己的优缺点				
	自信心	完成没有做过或有较大难度的任务时有信心				
	独立性	喜欢独立做事情和独立思考问题				
	坚持性	经常能在较长时间内主动克服困难,实现活动目的				
	好胜心	做任何事都努力争取好结果				
情绪情感	表达与控制情绪情感	一般情绪状态良好,能用恰当的方式对不同情景做出适宜的情绪反应				
	爱周围人	关心父母、老师和小朋友,喜欢帮助他们做力所能及的事				
	爱集体	能主动关心班里的事,为集体做好事,维护集体荣誉				
文明习惯	礼貌	能在不同情景下主动使用礼貌用语,举止文明				
	诚实	做错事能承认,并努力改正;不背着成人做被禁止的事				
	合作	能成功地与小朋友合作游戏和做事				
	遵守规则	能自觉遵守并维护规则				
交往行为	与教师交往	常主动发起与教师的交往				
	与小朋友交往	经常主动发起与小朋友的交往				
	与客人交往	能主动与客人交往				
	解决冲突	能帮助解决其他小朋友之间的冲突				
分析与评价						

大班幼儿品德和社会性发展评价量表 3

姓名		性别		班别		年龄				
项目		内容要求					优	良	中	差
自我系统	自我认识	知道自己的优缺点								
	自信心	完成没有做过或有较大难度的任务时有信心								
	独立性	喜欢独立做事情和独立思考问题								
	坚持性	经常能在较长时间内主动克服困难，实现活动目的								
	好胜心	做任何事都努力争取好结果								
情绪情感	表达与控制情绪情感	一般情绪状态良好，能用恰当的方式对不同情景做出适宜的情绪反应								
	爱周围人	关心父母、老师和小朋友，喜欢帮助他们做力所能及的事								
	爱集体	能主动关心班里的事，为集体做好事，维护集体荣誉								
文明习惯	礼貌	能在不同情景下主动使用礼貌用语，举止文明								
	诚实	做错事能承认，并努力改正；不背着成人做被禁止的事								
	合作	能成功地与小朋友合作游戏和做事								
	遵守规则	能自觉遵守并维护规则								
交往行为	与教师交往	常主动发起与教师的交往								
	与小朋友交往	经常主动发起与小朋友的交往								
	与客人交往	能主动与客人交往								
	解决冲突	能帮助解决其他小朋友之间的冲突								
分析与评价										

项目4 幼儿心理与行为发展观察与评价

一、实训任务和要求

1. 实训任务:观察、记录幼儿心理与行为的发展。
2. 实训要求:
(1)到幼儿园选择1~3名幼儿进行观察、记录;
(2)重点记录幼儿心理与行为在特定场景中的具体表现;
(3)能够对幼儿在特定场景中心理与行为的具体表现进行评价,提出教育建议。

二、观察记录作业单

幼儿心理与行为观察记录表 1

观察时间			观察者		
观察场景					
观察对象		性别		年龄	
观察内容	( )注意　( )感知觉　( )记忆　( )想象 ( )语言　( )情绪情感　( )意志　( )社会性 ( )动作发展				
行为主题					
行为表现					
行为分析					
教育建议					

幼儿心理与行为观察记录表 2

观察时间		观察者			
观察场景					
观察对象		性别		年龄	
观察内容	( )注意　( )感知觉　( )记忆　( )想象 ( )语言　( )情绪情感　( )意志　( )社会性 ( )动作发展				
行为主题					
行为表现					
行为分析					
教育建议					

幼儿心理与行为观察记录表 3

观察时间		观察者		
观察场景				
观察对象		性别		年龄
观察内容	( )注意　( )感知觉　( )记忆　( )想象 ( )语言　( )情绪情感　( )意志　( )社会性 ( )动作发展			
行为主题				
行为表现				
行为分析				
教育建议				

模块三

集体教学活动的设计与实施

幼儿园集体教学活动是幼儿园教育活动的一种重要形式,是指幼儿园为促进学前儿童身心和谐健康的发展,由教师有目的、有计划地组织实施的教与学的正式活动。幼儿园集体教学活动可以分为健康、语言、社会、科学、艺术五个领域,各领域的内容是相互渗透的,从不同的角度促进幼儿情感、态度、能力、知识、技能等方面的发展。

项目1 健康领域集体教学活动的设计与实施

一、实训任务和要求

1.实训任务:了解幼儿园健康领域集体教学活动方案设计的基本程序,观察幼儿教师实施健康领域集体教学活动的策略与方法,并用表格的方式进行记录。

2.实训要求:

(1)实训分为两步:第一步,以校内实训的方式,在教师的引导下分析幼儿园健康领域集体教学活动设计案例,并完成相应的评价表;第二步,在幼儿园观摩健康领域集体教学活动,并完成听课记录。

(2)重点记录幼儿教师的教学时间的分配、不同教学环节的教学策略及师幼互动的方式方法。

(3)能够依据专业标准对教学活动设计案例和幼儿教师的活动设计与实施做出评价。

二、观察记录作业单

1.幼儿园健康领域集体教学活动设计案例(由任课教师自己选择适合的案例):
(1)幼儿园健康领域集体教学活动设计案例1;
(2)幼儿园健康领域集体教学活动设计案例2;
(3)幼儿园健康领域集体教学活动设计案例3。

2. 幼儿园健康领域集体教学活动设计评价表如下：

幼儿园健康领域集体教学活动设计评价表1

评价内容	评价标准	优	良	中	差
活动名称	明确具体，能够点明活动所在领域及所适合的年龄阶段				
设计思路	设计意图明确，能够反映先进的教育理念和教学思想，准确把握该年龄阶段幼儿的认知能力和发展需求，凸显活动对幼儿发展的价值				
活动目标	全面具体，符合领域目标及幼儿年龄阶段的发展规律，可操作性强。前后表述角度一致				
活动重点难点	活动重难点把握准确，表述清晰				
活动组织形式及方法	教学组织形式和方法选择适宜，符合幼儿从游戏和生活中学习的特点，能体现以幼儿为主体、以教师为主导的基本要求				
活动准备	活动准备充分，能有效地满足教学的要求，增强教学效果				
活动过程	教学过程设计结构完整，层次清晰，过渡自然，重难点突出，师幼互动良好，教学目标达成度高				
活动延伸	能够巩固教学效果，关注家园共育、领域之间相互融合、延伸和拓展幼儿的经验与视野				
反思与建议（学生完成）					

幼儿园健康领域集体教学活动设计评价表 2

评价内容	评价标准	优	良	中	差
活动名称	明确具体,能够点明活动所在领域及所适合的年龄阶段				
设计思路	设计意图明确,能够反映先进的教育理念和教学思想,准确把握该年龄阶段幼儿的认知能力和发展需求,凸显活动对幼儿发展的价值				
活动目标	全面具体,符合领域目标及幼儿年龄阶段的发展规律,可操作性强。前后表述角度一致				
活动重点难点	活动重难点把握准确,表述清晰				
活动组织形式及方法	教学组织形式和方法选择适宜,符合幼儿从游戏和生活中学习的特点,能体现以幼儿为主体、以教师为主导的基本要求				
活动准备	活动准备充分,能有效地满足教学的要求,增强教学效果				
活动过程	教学过程设计结构完整,层次清晰,过渡自然,重难点突出,师幼互动良好,教学目标达成度高				
活动延伸	能够巩固教学效果,关注家园共育、领域之间相互融合、延伸和拓展幼儿的经验与视野				
反思与建议（学生完成）					

幼儿园健康领域集体教学活动设计评价表3

评价内容	评价标准	优	良	中	差
活动名称	明确具体，能够点明活动所在领域及所适合的年龄阶段				
设计思路	设计意图明确，能够反映先进的教育理念和教学思想，准确把握该年龄阶段幼儿的认知能力和发展需求，凸显活动对幼儿发展的价值				
活动目标	全面具体，符合领域目标及幼儿年龄阶段的发展规律，可操作性强。前后表述角度一致				
活动重点难点	活动重难点把握准确，表述清晰				
活动组织形式及方法	教学组织形式和方法选择适宜，符合幼儿从游戏和生活中学习的特点，能体现以幼儿为主体、以教师为主导的基本要求				
活动准备	活动准备充分，能有效地满足教学的要求，增强教学效果				
活动过程	教学过程设计结构完整，层次清晰，过渡自然，重难点突出，师幼互动良好，教学目标达成度高				
活动延伸	能够巩固教学效果，关注家园共育、领域之间相互融合、延伸和拓展幼儿的经验与视野				
反思与建议（学生完成）					

3. 幼儿园健康领域集体教学活动听课记录表如下：

幼儿园健康领域集体教学活动听课记录表 1

活动名称	
设计思路	
活动目标	
活动重难点	
活动组织形式及方法	
活动准备	
活动过程	

活动过程	
活动延伸	
评价与反思 （听课人完成）	

幼儿园健康领域集体教学活动听课记录表 2

活动名称	
设计思路	
活动目标	
活动重难点	
活动组织形式及方法	
活动准备	
活动过程	

活动过程	
活动延伸	
评价与反思 （听课人完成）	

幼儿园健康领域集体教学活动听课记录表 3

活动名称	
设计思路	
活动目标	
活动重难点	
活动组织形式及方法	
活动准备	
活动过程	

活动过程	
活动延伸	
评价与反思 （听课人完成）	

项目2　语言领域集体教学活动的设计与实施

一、实训任务和要求

1. 实训任务：了解幼儿园语言领域集体教学活动方案设计的基本程序，观察幼儿教师实施语言领域集体教学活动的策略与方法，并用表格的方式进行记录。

2. 实训要求：

（1）实训分为两步：第一步，以校内实训的方式，在教师的引导下分析幼儿园语言领域集体教学活动设计案例，并完成相应的评价表；第二步，在幼儿园观摩语言领域集体教学活动，并完成听课记录。

（2）重点记录幼儿教师的教学时间的分配、不同教学环节的教学策略及师幼互动的方式方法。

（3）能够依据专业标准对教学活动设计案例和幼儿教师的活动设计与实施做出评价。

二、观察记录作业单

1. 幼儿园语言领域集体教学活动设计案例（由任课教师自己选择适合的案例）：

（1）幼儿园语言领域集体教学活动设计案例1；

（2）幼儿园语言领域集体教学活动设计案例2；

（3）幼儿园语言领域集体教学活动设计案例3。

2.幼儿园语言领域集体教学活动设计评价表如下：

幼儿园语言领域集体教学活动设计评价表1

评价内容	评价标准	优	良	中	差
活动名称	明确具体，能够点明活动所在领域及所适合的年龄阶段				
设计思路	设计意图明确，能够反映先进的教育理念和教学思想，准确把握该年龄阶段幼儿的认知能力和发展需求，凸显活动对幼儿发展的价值				
活动目标	全面具体，符合领域目标及幼儿年龄阶段的发展规律，可操作性强。前后表述角度一致				
活动重点难点	活动重难点把握准确，表述清晰				
活动组织形式及方法	教学组织形式和方法选择适宜，符合幼儿从游戏和生活中学习的特点，能体现以幼儿为主体、以教师为主导的基本要求				
活动准备	活动准备充分，能有效地满足教学的要求，增强教学效果				
活动过程	教学过程设计结构完整，层次清晰，过渡自然，重难点突出，师幼互动良好，教学目标达成度高				
活动延伸	能够巩固教学效果，关注家园共育、领域之间相互融合、延伸和拓展幼儿的经验与视野				
反思与建议（学生完成）					

幼儿园语言领域集体教学活动设计评价表2

评价内容	评价标准	优	良	中	差
活动名称	明确具体，能够点明活动所在领域及所适合的年龄阶段				
设计思路	设计意图明确，能够反映先进的教育理念和教学思想，准确把握该年龄阶段幼儿的认知能力和发展需求，凸显活动对幼儿发展的价值				
活动目标	全面具体，符合领域目标及幼儿年龄阶段的发展规律，可操作性强。前后表述角度一致				
活动重点难点	活动重难点把握准确，表述清晰				
活动组织形式及方法	教学组织形式和方法选择适宜，符合幼儿从游戏和生活中学习的特点，能体现以幼儿为主体、以教师为主导的基本要求				
活动准备	活动准备充分，能有效地满足教学的要求，增强教学效果				
活动过程	教学过程设计结构完整，层次清晰，过渡自然，重难点突出，师幼互动良好，教学目标达成度高				
活动延伸	能够巩固教学效果，关注家园共育、领域之间相互融合、延伸和拓展幼儿的经验与视野				
反思与建议（学生完成）					

幼儿园语言领域集体教学活动设计评价表3

评价内容	评价标准	优	良	中	差
活动名称	明确具体，能够点明活动所在领域及所适合的年龄阶段				
设计思路	设计意图明确，能够反映先进的教育理念和教学思想，准确把握该年龄阶段幼儿的认知能力和发展需求，凸显活动对幼儿发展的价值				
活动目标	全面具体，符合领域目标及幼儿年龄阶段的发展规律，可操作性强。前后表述角度一致				
活动重点难点	活动重难点把握准确，表述清晰				
活动组织形式及方法	教学组织形式和方法选择适宜，符合幼儿从游戏和生活中学习的特点，能体现以幼儿为主体、以教师为主导的基本要求				
活动准备	活动准备充分，能有效地满足教学的要求，增强教学效果				
活动过程	教学过程设计结构完整，层次清晰，过渡自然，重难点突出，师幼互动良好，教学目标达成度高				
活动延伸	能够巩固教学效果，关注家园共育、领域之间相互融合、延伸和拓展幼儿的经验与视野				
反思与建议（学生完成）					

3.幼儿园语言领域集体教学活动听课记录表如下：

幼儿园语言领域集体教学活动听课记录表 1

活动名称	
设计思路	
活动目标	
活动重难点	
活动组织形式及方法	
活动准备	
活动过程	

活动过程	
活动延伸	
评价与反思 （听课人完成）	

幼儿园语言领域集体教学活动听课记录表 2

活动名称	
设计思路	
活动目标	
活动重难点	
活动组织形式及方法	
活动准备	
活动过程	

活动过程	
活动延伸	
评价与反思 （听课人完成）	

幼儿园语言领域集体教学活动听课记录表 3

活动名称	
设计思路	
活动目标	
活动重难点	
活动组织形式及方法	
活动准备	
活动过程	

活动过程	
活动延伸	
评价与反思 （听课人完成）	

项目3　社会领域集体教学活动的设计与实施

一、实训任务和要求

1.实训任务:了解幼儿园社会领域集体教学活动方案设计的基本程序,观察幼儿教师实施社会领域集体教学活动的策略与方法,并用表格的方式进行记录。

2.实训要求:

(1)实训分为两步:第一步,以校内实训的方式,在教师的引导下分析幼儿园社会领域集体教学活动设计案例,并完成相应的评价表;第二步,在幼儿园观摩社会领域集体教学活动,并完成听课记录。

(2)重点记录幼儿教师的教学时间的分配、不同教学环节的教学策略及师幼互动的方式方法。

(3)能够依据专业标准对教学活动设计案例和幼儿教师的活动设计与实施做出评价。

二、观察记录作业单

1.幼儿园社会领域集体教学活动设计案例(由任课教师自己选择适合的案例):

(1)幼儿园社会领域集体教学活动设计案例1;

(2)幼儿园社会领域集体教学活动设计案例2;

(3)幼儿园社会领域集体教学活动设计案例3。

2. 幼儿园社会领域集体教学活动设计评价表如下：

幼儿园社会领域集体教学活动设计评价表1

评价内容	评价标准	优	良	中	差
活动名称	明确具体，能够点明活动所在领域及所适合的年龄阶段				
设计思路	设计意图明确，能够反映先进的教育理念和教学思想，准确把握该年龄阶段幼儿的认知能力和发展需求，凸显活动对幼儿发展的价值				
活动目标	全面具体，符合领域目标及幼儿年龄阶段的发展规律，可操作性强。前后表述角度一致				
活动重点难点	活动重难点把握准确，表述清晰				
活动组织形式及方法	教学组织形式和方法选择适宜，符合幼儿从游戏和生活中学习的特点，能体现以幼儿为主体、以教师为主导的基本要求				
活动准备	活动准备充分，能有效地满足教学的要求，增强教学效果				
活动过程	教学过程设计结构完整，层次清晰，过渡自然，重难点突出，师幼互动良好，教学目标达成度高				
活动延伸	能够巩固教学效果，关注家园共育、领域之间相互融合、延伸和拓展幼儿的经验与视野				
反思与建议（学生完成）					

幼儿园社会领域集体教学活动设计评价表2

评价内容	评价标准	优	良	中	差
活动名称	明确具体,能够点明活动所在领域及所适合的年龄阶段				
设计思路	设计意图明确,能够反映先进的教育理念和教学思想,准确把握该年龄阶段幼儿的认知能力和发展需求,凸显活动对幼儿发展的价值				
活动目标	全面具体,符合领域目标及幼儿年龄阶段的发展规律,可操作性强。前后表述角度一致				
活动重点难点	活动重难点把握准确,表述清晰				
活动组织形式及方法	教学组织形式和方法选择适宜,符合幼儿从游戏和生活中学习的特点,能体现以幼儿为主体、以教师为主导的基本要求				
活动准备	活动准备充分,能有效地满足教学的要求,增强教学效果				
活动过程	教学过程设计结构完整,层次清晰,过渡自然,重难点突出,师幼互动良好,教学目标达成度高				
活动延伸	能够巩固教学效果,关注家园共育、领域之间相互融合、延伸和拓展幼儿的经验与视野				
反思与建议（学生完成）					

幼儿园社会领域集体教学活动设计评价表 3

评价内容	评价标准	优	良	中	差
活动名称	明确具体,能够点明活动所在领域及所适合的年龄阶段				
设计思路	设计意图明确,能够反映先进的教育理念和教学思想,准确把握该年龄阶段幼儿的认知能力和发展需求,凸显活动对幼儿发展的价值				
活动目标	全面具体,符合领域目标及幼儿年龄阶段的发展规律,可操作性强。前后表述角度一致				
活动重点难点	活动重难点把握准确,表述清晰				
活动组织形式及方法	教学组织形式和方法选择适宜,符合幼儿从游戏和生活中学习的特点,能体现以幼儿为主体、以教师为主导的基本要求				
活动准备	活动准备充分,能有效地满足教学的要求,增强教学效果				
活动过程	教学过程设计结构完整,层次清晰,过渡自然,重难点突出,师幼互动良好,教学目标达成度高				
活动延伸	能够巩固教学效果,关注家园共育、领域之间相互融合、延伸和拓展幼儿的经验与视野				
反思与建议(学生完成)					

3. 幼儿园社会领域集体教学活动听课记录表如下：

幼儿园社会领域集体教学活动听课记录表1

活动名称	
设计思路	
活动目标	
活动重难点	
活动组织形式及方法	
活动准备	
活动过程	

活动过程	
活动延伸	
评价与反思 （听课人完成）	

幼儿园社会领域集体教学活动听课记录表 2

活动名称	
设计思路	
活动目标	
活动重难点	
活动组织形式及方法	
活动准备	
活动过程	

活动过程	
活动延伸	
评价与反思 （听课人完成）	

幼儿园社会领域集体教学活动听课记录表 3

活动名称	
设计思路	
活动目标	
活动重难点	
活动组织形式及方法	
活动准备	
活动过程	

活动过程	
活动延伸	
评价与反思 （听课人完成）	

项目4 科学领域集体教学活动的设计与实施

一、实训任务和要求

1.实训任务:了解幼儿园科学领域集体教学活动方案设计的基本程序,观察幼儿教师实施科学领域集体教学活动的策略与方法,并用表格的方式进行记录。

2.实训要求:

(1)实训分为两步:第一步,以校内实训的方式,在教师的引导下分析幼儿园科学领域集体教学活动设计案例,并完成相应的评价表;第二步,在幼儿园观摩科学领域集体教学活动,并完成听课记录。

(2)重点记录幼儿教师的教学时间的分配、不同教学环节的教学策略及师幼互动的方式方法。

(3)能够依据专业标准对教学活动设计案例和幼儿教师的活动设计与实施做出评价。

二、观察记录作业单

1.幼儿园科学领域集体教学活动设计案例(由任课教师自己选择适合的案例):

(1)幼儿园科学领域集体教学活动设计案例1;

(2)幼儿园科学领域集体教学活动设计案例2;

(3)幼儿园科学领域集体教学活动设计案例3。

2.幼儿园科学领域集体教学活动设计评价表如下:

幼儿园科学领域集体教学活动设计评价表1

评价内容	评价标准	优	良	中	差
活动名称	明确具体,能够点明活动所在领域及所适合的年龄阶段				
设计思路	设计意图明确,能够反映先进的教育理念和教学思想,准确把握该年龄阶段幼儿的认知能力和发展需求,凸显活动对幼儿发展的价值				
活动目标	全面具体,符合领域目标及幼儿年龄阶段的发展规律,可操作性强。前后表述角度一致				
活动重点难点	活动重难点把握准确,表述清晰				
活动组织形式及方法	教学组织形式和方法选择适宜,符合幼儿从游戏和生活中学习的特点,能体现以幼儿为主体、以教师为主导的基本要求				
活动准备	活动准备充分,能有效地满足教学的要求,增强教学效果				
活动过程	教学过程设计结构完整,层次清晰,过渡自然,重难点突出,师幼互动良好,教学目标达成度高				
活动延伸	能够巩固教学效果,关注家园共育、领域之间相互融合、延伸和拓展幼儿的经验与视野				
反思与建议(学生完成)					

幼儿园科学领域集体教学活动设计评价表 2

评价内容	评价标准	优	良	中	差
活动名称	明确具体,能够点明活动所在领域及所适合的年龄阶段				
设计思路	设计意图明确,能够反映先进的教育理念和教学思想,准确把握该年龄阶段幼儿的认知能力和发展需求,凸显活动对幼儿发展的价值				
活动目标	全面具体,符合领域目标及幼儿年龄阶段的发展规律,可操作性强。前后表述角度一致				
活动重点难点	活动重难点把握准确,表述清晰				
活动组织形式及方法	教学组织形式和方法选择适宜,符合幼儿从游戏和生活中学习的特点,能体现以幼儿为主体、以教师为主导的基本要求				
活动准备	活动准备充分,能有效地满足教学的要求,增强教学效果				
活动过程	教学过程设计结构完整,层次清晰,过渡自然,重难点突出,师幼互动良好,教学目标达成度高				
活动延伸	能够巩固教学效果,关注家园共育、领域之间相互融合、延伸和拓展幼儿的经验与视野				
反思与建议（学生完成）					

幼儿园科学领域集体教学活动设计评价表 3

评价内容	评价标准	优	良	中	差
活动名称	明确具体，能够点明活动所在领域及所适合的年龄阶段				
设计思路	设计意图明确，能够反映先进的教育理念和教学思想，准确把握该年龄阶段幼儿的认知能力和发展需求，凸显活动对幼儿发展的价值				
活动目标	全面具体，符合领域目标及幼儿年龄阶段的发展规律，可操作性强。前后表述角度一致				
活动重点难点	活动重难点把握准确，表述清晰				
活动组织形式及方法	教学组织形式和方法选择适宜，符合幼儿从游戏和生活中学习的特点，能体现以幼儿为主体、以教师为主导的基本要求				
活动准备	活动准备充分，能有效地满足教学的要求，增强教学效果				
活动过程	教学过程设计结构完整，层次清晰，过渡自然，重难点突出，师幼互动良好，教学目标达成度高				
活动延伸	能够巩固教学效果，关注家园共育、领域之间相互融合、延伸和拓展幼儿的经验与视野				
反思与建议（学生完成）					

3.幼儿园科学领域集体教学活动听课记录表如下:

幼儿园科学领域集体教学活动听课记录表1

活动名称	
设计思路	
活动目标	
活动重难点	
活动组织形式及方法	
活动准备	
活动过程	

活动过程	
活动延伸	
评价与反思 （听课人完成）	

幼儿园科学领域集体教学活动听课记录表 2

活动名称	
设计思路	
活动目标	
活动重难点	
活动组织形式及方法	
活动准备	
活动过程	

活动过程	
活动延伸	
评价与反思 （听课人完成）	

幼儿园科学领域集体教学活动听课记录表 3

活动名称	
设计思路	
活动目标	
活动重难点	
活动组织形式及方法	
活动准备	
活动过程	

活动过程	
活动延伸	
评价与反思 （听课人完成）	

项目5　艺术领域集体教学活动的设计与实施

一、实训任务和要求

1.实训任务:了解幼儿园艺术领域集体教学活动方案设计的基本程序,观察幼儿教师实施艺术领域集体教学活动的策略与方法,并用表格的方式进行记录。

2.实训要求:

(1)实训分为两步:第一步,以校内实训的方式,在教师的引导下分析幼儿园艺术领域集体教学活动设计案例,并完成相应的评价表;第二步,在幼儿园观摩艺术领域集体教学活动,并完成听课记录。

(2)重点记录幼儿教师的教学时间的分配、不同教学环节的教学策略及师幼互动的方式方法。

(3)能够依据专业标准对教学活动设计案例和幼儿教师的活动设计与实施做出评价。

二、观察记录作业单

1.幼儿园艺术领域集体教学活动设计案例(由任课教师自己选择适合的案例):

(1)幼儿园艺术领域集体教学活动设计案例1;

(2)幼儿园艺术领域集体教学活动设计案例2;

(3)幼儿园艺术领域集体教学活动设计案例3。

2.幼儿园艺术领域集体教学活动设计评价表如下：

幼儿园艺术领域集体教学活动设计评价表1

评价内容	评价标准	优	良	中	差
活动名称	明确具体，能够点明活动所在领域及所适合的年龄阶段				
设计思路	设计意图明确，能够反映先进的教育理念和教学思想，准确把握该年龄阶段幼儿的认知能力和发展需求，凸显活动对幼儿发展的价值				
活动目标	全面具体，符合领域目标及幼儿年龄阶段的发展规律，可操作性强。前后表述角度一致				
活动重点难点	活动重难点把握准确，表述清晰				
活动组织形式及方法	教学组织形式和方法选择适宜，符合幼儿从游戏和生活中学习的特点，能体现以幼儿为主体、以教师为主导的基本要求				
活动准备	活动准备充分，能有效地满足教学的要求，增强教学效果				
活动过程	教学过程设计结构完整，层次清晰，过渡自然，重难点突出，师幼互动良好，教学目标达成度高				
活动延伸	能够巩固教学效果，关注家园共育、领域之间相互融合、延伸和拓展幼儿的经验与视野				
反思与建议（学生完成）					

幼儿园艺术领域集体教学活动设计评价表2

评价内容	评价标准	优	良	中	差
活动名称	明确具体,能够点明活动所在领域及所适合的年龄阶段				
设计思路	设计意图明确,能够反映先进的教育理念和教学思想,准确把握该年龄阶段幼儿的认知能力和发展需求,凸显活动对幼儿发展的价值				
活动目标	全面具体,符合领域目标及幼儿年龄阶段的发展规律,可操作性强。前后表述角度一致				
活动重点难点	活动重难点把握准确,表述清晰				
活动组织形式及方法	教学组织形式和方法选择适宜,符合幼儿从游戏和生活中学习的特点,能体现以幼儿为主体、以教师为主导的基本要求				
活动准备	活动准备充分,能有效地满足教学的要求,增强教学效果				
活动过程	教学过程设计结构完整,层次清晰,过渡自然,重难点突出,师幼互动良好,教学目标达成度高				
活动延伸	能够巩固教学效果,关注家园共育、领域之间相互融合、延伸和拓展幼儿的经验与视野				
反思与建议（学生完成）					

幼儿园艺术领域集体教学活动设计评价表 3

评价内容	评价标准	优	良	中	差
活动名称	明确具体,能够点明活动所在领域及所适合的年龄阶段				
设计思路	设计意图明确,能够反映先进的教育理念和教学思想,准确把握该年龄阶段幼儿的认知能力和发展需求,凸显活动对幼儿发展的价值				
活动目标	全面具体,符合领域目标及幼儿年龄阶段的发展规律,可操作性强。前后表述角度一致				
活动重点难点	活动重难点把握准确,表述清晰				
活动组织形式及方法	教学组织形式和方法选择适宜,符合幼儿从游戏和生活中学习的特点,能体现以幼儿为主体、以教师为主导的基本要求				
活动准备	活动准备充分,能有效地满足教学的要求,增强教学效果				
活动过程	教学过程设计结构完整,层次清晰,过渡自然,重难点突出,师幼互动良好,教学目标达成度高				
活动延伸	能够巩固教学效果,关注家园共育、领域之间相互融合、延伸和拓展幼儿的经验与视野				
反思与建议(学生完成)					

3.幼儿园艺术领域集体教学活动听课记录表如下：

幼儿园艺术领域集体教学活动听课记录表 1

活动名称	
设计思路	
活动目标	
活动重难点	
活动组织形式及方法	
活动准备	
活动过程	

活动过程	
活动延伸	
评价与反思 (听课人完成)	

幼儿园艺术领域集体教学活动听课记录表 2

活动名称	
设计思路	
活动目标	
活动重难点	
活动组织形式及方法	
活动准备	
活动过程	

活动过程	
活动延伸	
评价与反思 （听课人完成）	

幼儿园艺术领域集体教学活动听课记录表 3

活动名称	
设计思路	
活动目标	
活动重难点	
活动组织形式及方法	
活动准备	
活动过程	

活动过程	
活动延伸	
评价与反思 （听课人完成）	

模块四

游戏活动指导

  游戏是幼儿的天性,是他们认识世界、改造世界的起点,也是他们最早、最基本的交往活动。游戏活动在促进幼儿语言、认知能力方面有着不可替代的作用。游戏过程还能激发幼儿自主性和探索性,启发幼儿独立发现和解决问题。幼儿在游戏活动中,体验不同的情感,积累生活经验。游戏活动促进了幼儿情感和社会性的发展。

  观察和记录幼儿游戏活动有以下目的:

1. 了解幼儿园教师设计、组织游戏活动的方法;
2. 熟悉幼儿游戏环境,掌握指导幼儿游戏活动的策略;
3. 观察幼儿在游戏中的表现,运用已学专业知识对游戏活动做出评价;
4. 通过连续性观察了解游戏活动对幼儿语言、动作、社会性、艺术等方面的促进作用;
5. 对游戏活动进行分析思考,加深对专业理论的理解。

  学前儿童游戏活动主要有角色游戏、表演游戏、建构游戏、智力游戏和体育游戏。本模块主要介绍前四类游戏的观察记录要点,包括教师在游戏中的组织和指导、幼儿对游戏活动的态度以及在游戏活动中的表现等,要求实习生对观察结果进行描述性记录,按幼儿实际行为或活动发生的自然进程如实记录,不可主观判断、省略和简化必要的描述。

  对幼儿游戏行为的观察是实施有效指导的前提。通过见习、实习活动来观察、记录和了解幼儿发育,组织实施符合幼儿发展水平的游戏,是学前教育专业学生必须熟悉的核心能力,也是关爱幼儿健康成长的第一步。

项目 1 角 色 游 戏

角色游戏是幼儿根据自己的兴趣和愿望,以模仿和想象的方式,通过角色扮演创造性地表现其生活体验的活动。角色游戏活动内容主要包括角色扮演、对材料的假想、对动作和情节的概括、对游戏规则的执行、教师的介入指导等部分。观察幼儿的角色游戏,可以了解教师在角色游戏活动中的组织方式和方法,幼儿的行为表现、发展特点、能力与需要,使教育目标的确定更客观具体、有针对性。

一、实训任务和要求

1. 观察幼儿园教师开展角色游戏的方法和技巧,熟悉游戏结构;
2. 观察角色游戏活动过程中幼儿的参与和互动情况;
3. 了解 3～6 岁各年龄段幼儿角色游戏的特点与指导要点;
4. 尝试运用专业理论知识指导自己组织和开展角色游戏活动,包括材料的投放、环境的创设、游戏活动的设计、游戏中的介入指导、对幼儿游戏行为的观察和评价等。

二、观察记录作业单

小班角色游戏观察记录表

班级		教师姓名		观察日期	
游戏名称		游戏时长		观察者	
情境导入					
幼儿兴趣和参与程度					
教师指导					
角色分配					
环境材料使用情况					
同伴间互动					
结束方式					
整理工作					
评价总结					

备注：
　　角色游戏观察记录表用于记录教师在游戏活动展开前、中、后三个阶段的组织和指导方法。教师指导包括引导主题和参与游戏角色等。

小班角色游戏观察记录表

班级		教师姓名		观察日期	
游戏名称		游戏时长		观察者	

情境导入	
幼儿兴趣和参与程度	
教师指导	
角色分配	
环境材料使用情况	
同伴间互动	
结束方式	
整理工作	
评价总结	

备注：
  角色游戏观察记录表用于记录教师在游戏活动展开前、中、后三个阶段的组织和指导方法。教师指导包括引导主题和参与游戏角色等。

中班角色游戏观察记录表

班级		教师姓名		观察日期	
游戏名称		游戏时长		观察者	

情境导入	
幼儿兴趣和参与程度	
教师指导	
角色分配	
环境材料使用情况	
同伴间互动	
结束方式	
整理工作	
评价总结	

备注：
　　角色游戏观察记录表用于记录教师在游戏活动展开前、中、后三个阶段的组织和指导方法。教师指导包括引导主题和参与游戏角色等。

中班角色游戏观察记录表

班级		教师姓名		观察日期	
游戏名称		游戏时长		观察者	

情境导入	
幼儿兴趣和参与程度	
教师指导	
角色分配	
环境材料使用情况	
同伴间互动	
结束方式	
整理工作	
评价总结	

备注：
　　角色游戏观察记录表用于记录教师在游戏活动展开前、中、后三个阶段的组织和指导方法。教师指导包括引导主题和参与游戏角色等。

大班角色游戏观察记录表

班级		教师姓名		观察日期	
游戏名称		游戏时长		观察者	
情境导入					
幼儿兴趣和参与程度					
教师指导					
角色分配					
环境材料使用情况					
同伴间互动					
结束方式					
整理工作					
评价总结					

备注：
角色游戏观察记录表用于记录教师在游戏活动展开前、中、后三个阶段的组织和指导方法。教师指导包括引导主题和参与游戏角色等。

大班角色游戏观察记录表

班级		教师姓名		观察日期	
游戏名称		游戏时长		观察者	

情境导入	
幼儿兴趣和参与程度	
教师指导	
角色分配	
环境材料使用情况	
同伴间互动	
结束方式	
整理工作	
评价总结	

备注：
　　角色游戏观察记录表用于记录教师在游戏活动展开前、中、后三个阶段的组织和指导方法。教师指导包括引导主题和参与游戏角色等。

项目2 表演游戏

表演游戏是以虚构的童话或故事等文学作品为依据的、幼儿创造性的自娱活动。幼儿在表演游戏中,按某一文学作品的任务去确定表演的角色,按作品情节发展顺序、结构去组织表演,比角色游戏更带夸张的戏剧成分。其创造性表现在幼儿根据自己对作品角色、情节的体验,从语言、动作等方面对作品进行再创造。表演游戏可以加深幼儿对文学作品的理解,使其有效地受到艺术熏陶,促进幼儿语言的发展,提高幼儿的想象力和创造力,还有助于培养幼儿良好的个性。在不同年龄阶段,幼儿身心发展呈现连续性和可变性,因此,不同年龄段表演游戏的表现方式略有不同。

一、实训任务和要求

1. 观察幼儿园教师开展表演游戏的方法和技巧,熟悉游戏组织过程;
2. 观察表演游戏活动过程中幼儿的精神状态和角色表现;
3. 了解3~6岁各年龄段幼儿表演游戏的特点与指导要点;
4. 尝试运用专业理论知识指导自己组织和开展表演游戏活动,包括主题和角色选择、服装道具准备、场景创设、表演技巧指导、语言动作表现、幼儿游戏行为的观察和评价等。

二、观察记录作业单

小班表演游戏观察记录表

班级		教师姓名		日期时间	
观察对象		性别		年龄	
游戏类型及主题					
幼儿情绪和状态					
语言表达和创造力表现					
动作表现					
材料使用和场景					
服装道具使用					
教师示范和引导					
评价与分析					

备注：
　　本观察记录表记录小班表演游戏活动的组织和实施情况，游戏类型包括手影表演、木偶表演、戏剧表演、歌唱表演等，可多次观察记录不同类型表演游戏。

小班表演游戏观察记录表

班级		教师姓名		日期时间	
观察对象		性别		年龄	
游戏类型及主题					
幼儿情绪和状态					
语言表达和创造力表现					
动作表现					
材料使用和场景					
服装道具使用					
教师示范和引导					
评价与分析					

备注：
　　本观察记录表记录小班表演游戏活动的组织和实施情况，游戏类型包括手影表演、木偶表演、戏剧表演、歌唱表演等，可多次观察记录不同类型表演游戏。

小班表演游戏观察记录表

班级		教师姓名		日期时间	
观察对象		性别		年龄	
游戏类型及主题					
幼儿情绪和状态					
语言表达和创造力表现					
动作表现					
材料使用和场景					
服装道具使用					
教师示范和引导					
评价与分析					

备注：
　　本观察记录表记录小班表演游戏活动的组织和实施情况，游戏类型包括手影表演、木偶表演、戏剧表演、歌唱表演等，可多次观察记录不同类型表演游戏。

中班表演游戏观察记录表

班级		教师姓名		日期时间	
观察对象		性别		年龄	
游戏类型及主题					
语言表达和创造力					
材料使用和场景					
角色表达和情节展现					
服装道具制作					
教师指导和策略					
评价和分析					

备注：
  1. 本观察记录表记录中班表演游戏活动的组织和实施情况，游戏类型包括手影表演、木偶表演、戏剧表演、歌唱表演等，可多次观察记录不同类型表演游戏。
  2. 表演游戏中的歌唱部分对旋律和节奏的表现可记入"角色表达和情节展现"一栏。

中班表演游戏观察记录表

班级		教师姓名		日期时间	
观察对象		性别		年龄	
游戏类型及主题					
语言表达和创造力					
材料使用和场景					
角色表达和情节展现					
服装道具制作					
教师指导和策略					
评价和分析					

备注：
    1.本观察记录表记录中班表演游戏活动的组织和实施情况，游戏类型包括手影表演、木偶表演、戏剧表演、歌唱表演等，可多次观察记录不同类型表演游戏。
    2.表演游戏中的歌唱部分对旋律和节奏的表现可记入"角色表达和情节展现"一栏。

中班表演游戏观察记录表

班级		教师姓名		日期时间	
观察对象		性别		年龄	
游戏类型及主题					
语言表达和创造力					
材料使用和场景					
角色表达和情节展现					
服装道具制作					
教师指导和策略					
评价和分析					

备注:
1. 本观察记录表记录中班表演游戏活动的组织和实施情况,游戏类型包括手影表演、木偶表演、戏剧表演、歌唱表演等,可多次观察记录不同类型表演游戏。
2. 表演游戏中的歌唱部分对旋律和节奏的表现可记入"角色表达和情节展现"一栏。

大班表演游戏观察记录表

班级		教师姓名		日期时间	
观察对象		性别		年龄	
游戏类型及主题					
材料使用和场景					
服装道具制作					
角色表达和情景展现					
同伴合作					
创造力和想象力					
教师指导和策略					
评价和分析					

备注:

1. 本观察记录表记录大班表演游戏活动的组织和实施情况,游戏类型包括手影表演、木偶表演、戏剧表演、歌唱表演等,可多次观察记录不同类型表演游戏。

2. 表演游戏中的歌唱部分对旋律和节奏的表现可记入"角色表达和情节展现"一栏。

大班表演游戏观察记录表

班级		教师姓名		日期时间	
观察对象		性别		年龄	
游戏类型及主题					
材料使用和场景					
服装道具制作					
角色表达和情景展现					
同伴合作					
创造力和想象力					
教师指导和策略					
评价和分析					

备注：

1.本观察记录表记录大班表演游戏活动的组织和实施情况，游戏类型包括手影表演、木偶表演、戏剧表演、歌唱表演等，可多次观察记录不同类型表演游戏。

2.表演游戏中的歌唱部分对旋律和节奏的表现可记入"角色表达和情节展现"一栏。

大班表演游戏观察记录表

班级		教师姓名		日期时间	
观察对象		性别		年龄	

游戏类型及主题	
材料使用和场景	
服装道具制作	
角色表达和情景展现	
同伴合作	
创造力和想象力	
教师指导和策略	
评价和分析	

备注:
 1.本观察记录表记录大班表演游戏活动的组织和实施情况,游戏类型包括手影表演、木偶表演、戏剧表演、歌唱表演等,可多次观察记录不同类型表演游戏。
 2.表演游戏中的歌唱部分对旋律和节奏的表现可记入"角色表达和情节展现"一栏。

项目3 建构游戏

建构游戏是幼儿利用各种不同的建构玩具或建构材料(如积木、积塑、金属片、泥、沙、雪等),构造物体形象,反映现实活动的一种游戏。建构游戏一般从简单的积木游戏开始,随着幼儿年龄的增长和认知水平、动作技能的发展,趋向多样化、复杂化。建构游戏对促进幼儿的创造力和想象力、手的操作协调能力、感知觉整合能力以及创造性思维具有重要意义。建构游戏主要包括积木建筑游戏、积塑构造游戏、拼图游戏等。

一、实训任务和要求

1. 观察幼儿园教师开展建构游戏的方法和技巧,熟悉游戏过程;
2. 观察建构游戏活动过程中幼儿的参与情况;
3. 了解3~6岁各年龄段幼儿建构游戏的特点与指导要点;
4. 尝试运用专业理论知识指导自己组织和开展建构游戏活动,包括激发幼儿建构游戏的兴趣、提供建构材料、运用建构的基本知识和操作技能、引导幼儿对物体进行观察、创造性地进行建构等。

二、观察记录作业单

小班建构游戏观察记录表

班级		教师姓名		日期时间	
观察对象		性别		年龄	
游戏类型及主题					
游戏时长					
幼儿表现					
教师指导					
评价分析					
建议					

中班建构游戏观察记录表

班级		教师姓名		日期时间	
观察对象		性别		年龄	
游戏类型及主题					
游戏时长					
幼儿表现					
教师指导					
评价分析					
建议					

大班建构游戏观察记录表

班级		教师姓名		日期时间	
观察对象		性别		年龄	
游戏类型及主题					
游戏时长					
幼儿表现					
教师指导					
评价分析					
建议					

项目4 智力游戏

　　智力游戏是根据一定的智育任务设计的,以智力活动为基础的一种有规则的游戏。它以生动、新颖、有趣的游戏形式,使幼儿在轻松愉快的活动中完成增长知识、发展智力的任务,是帮助幼儿认识事物、巩固知识、发展智力的一种十分有效的手段。智力游戏由游戏的目的、构思、规则和结果四部分组成。新颖的、形象生动的、有趣的智力游戏能调动幼儿的各种器官,提高幼儿的观察、注意、记忆、思维、语言等能力。同时游戏中还要求幼儿控制自己的行为,与人合作,遵守规则,坚持完成游戏,对幼儿的意志和品质的培养有良好的作用。按照发展的不同侧重点,智力游戏可分为感觉类、知觉类、想象创造类、操作类、思维发展类等。

一、实训任务和要求

1. 观察幼儿园教师开展智力游戏的方法和技巧,熟悉游戏组织过程;
2. 观察智力游戏活动过程中幼儿的状态和表现;
3. 了解3～6岁各年龄段幼儿智力游戏的特点与指导要点;
4. 尝试运用专业理论知识指导自己组织和开展智力游戏活动。

二、观察记录作业单

小班智力游戏观察记录表

班级		教师姓名		日期时间	
观察对象		性别		年龄	
游戏类型及主题					
智力发展目的					
材料投放					
教师示范					
幼儿表现					
游戏时间及难度					
评价分析					
建议					

备注：
1. "智力发展目的"指感觉、知觉、注意力、思维、记忆、想象以及操作力；
2. "教师示范"主要指教师对游戏规则和玩法的讲解、对游戏目标的引导等；
3. "幼儿表现"主要指幼儿的注意力、兴趣度，游戏材料的使用，完成度等。

中班智力游戏观察记录表

班级		教师姓名		日期时间	
观察对象		性别		年龄	
游戏类型及主题					
智力发展目的					
材料投放					
教师示范					
幼儿表现					
游戏时间及难度					
评价分析					
建议					

备注：
1."智力发展目的"指感觉、知觉、注意力、思维、记忆、想象以及操作力；
2."教师示范"主要指教师对游戏规则和玩法的讲解、对游戏目标的引导等；
3."幼儿表现"主要指幼儿的注意力、兴趣度，游戏材料的使用，完成度等。

大班智力游戏观察记录表

班级		教师姓名		日期时间	
观察对象		性别		年龄	
游戏类型及主题					
智力发展目的					
材料投放					
教师示范					
幼儿表现					
游戏时间及难度					
评价分析					
建议					

备注：
1. "智力发展目的"指感觉、知觉、注意力、思维、记忆、想象以及操作力；
2. "教师示范"主要指教师对游戏规则和玩法的讲解、对游戏目标的引导等；
3. "幼儿表现"主要指幼儿的注意力、兴趣度，游戏材料的使用，完成度等。

模块五

幼儿园环境创设

马拉古奇曾说:环境是教育的一个组成部分,环境具有教育的内涵。教育是由复杂的互动的关系所构成,也只有环境中各个元素的参与才是许多互动关系实现的决定性关键。所以,在创设幼儿园公共环境与个性化环境时,要把握多角度教育内涵,充分体现环境教育领域的特点和功能特色,使不同人群都能拥有交流、体验、获得感悟、发展的空间。

环境是幼儿教育的一个重要资源,透过创设结构合理,安全整洁,富有美感、童趣、教育功能的环境,使幼儿在与环境的自然接触中认识各种事物,获得各种感受,理解各种现象,让幼儿生活在属于他们自己的世界里。幼儿园环境创设是幼儿园教育课程实施的重要内容和幼儿教师工作的基本能力。

为幼儿创设良好的教育环境,能够促进幼儿身心健康发展,同时也可以提升幼儿园的形象,赋予观者新的视觉感受。在幼儿园教育活动中,环境作为一种"隐性课程",在开发幼儿智力、促进幼儿个性发展方面,发挥着重要的作用。面向幼儿开展教育活动,首先应为幼儿创设一个良好的活动环境,并帮助幼儿适应环境,使每个幼儿在与环境的相互作用过程中获得个体发展。

为了让孩子们获得一个良好的生活学习环境,我们要注重幼儿园环境的创设,努力打造幼儿园特色文化的同时还要根据幼儿年龄、班级的特点及发展来创设适宜的环境。在注重总体环境和谐的基础上,室内外环境、各楼层、各班级、各个活动室的设计要做到既统一又有变化。环境是幼儿的"第三位老师",是幼儿进入幼儿园后的主要场所。幼儿园教师应该在保证安全的前提下,为幼儿创设适宜的环境,从而激发幼儿学习兴趣,积累幼儿的生活经验,增强幼儿与周围环境之间积极的相互作用。因此,教师应为幼儿创设安全、材料丰富、童趣化的室内外环境。

1.通过见习、实习,熟悉幼儿园室内外布局,初步掌握幼儿园环境创设的基本方法和实际操作步骤;

2.根据教育目标掌握不同区域环境的创设要点,进一步明确环境育人的思想理念;

3.将教育性与美观性相结合,将环境创设目标与幼儿园教育目标相结合,结合幼儿身心发展特点创设适宜性环境,发挥幼儿园环境创设的隐性教育价值。

总之,幼儿园环境创设不是表面的装饰装修,更不是幼儿和教师完成任务的展板,而是促进幼儿健康成长发展的空间,是自由互动空间的创造,是科学全面教育的留痕,是适宜自然发展的活动平台。

项目1 活动室区域规划

　　幼儿园是幼儿在家庭之外最先接触的生活环境,活动室是幼儿在园的主要室内场所,也是幼儿学习和游戏的主要活动场所。教师在规划活动室区域时应有意识地将教育目的渗透在活动室的区域规划与环境创设中,让幼儿在与活动室中的人、物的互动与交流中获得发展。教师可运用玩具架、玩具柜、桌椅等将活动室分隔出不同类型的活动区域,让幼儿自主选择、自主控制活动区域和内容。活动室应包括小组游戏的空间和集体活动的空间,因此可根据活动室面积和班级人数进行区域规划。幼儿园通常会依据五大领域内容将活动室划分为生活区、益智区、科学区、美工区、阅读区(也称图书区)、建构区、角色区和表演区,同时也可能出现"一区多用"的现象。

　　活动区域的设置直接影响幼儿活动的效果,应从实际出发,因地制宜,在规划区域时要注意以下几个方面:

　　首先,要提高空间的利用率,要充分发掘班级空间每一处能够利用的地方,如室内外的窗台、墙面、地面、高空等,提高环境利用率,为幼儿创造一个适宜的活动环境。

　　其次,教师要根据各活动区的特殊需要在现有的活动室空间内寻找最佳位置。美工区、科学区经常需要用水,应离水源近一些;科学区、图书区光线要充足;建构区、表演区活动量大,要有比较宽敞的地方;图书区、科学区等活动量小,要离热闹、容易喧哗的表演区、建构区远些;靠近班级门口的地方一般是动态活动区,如建构区,远离班级门口的地方主要是静态活动区,如图书区。不同的活动区占据的面积不同,相对来讲,表演区、建构区、图书区等占地面积大,科学区、美工区等占地面积较小。

　　最后,活动区规划要便于教师视线穿透,保障教师能够总揽全局,各区域要便于到达,空间布局要留出流畅和安全的通道,避免教室有死角,出于安全考虑不能出现教师的视线不能随时看到的地方。

　　依据活动室的空间布置原则,应将活动室分隔成若干明确的活动区域,每个活动区域的规划及空间布局应有利于幼儿主动地开展游戏和活动。

一、实训任务和要求

1. 观察各活动室区域规划的类型;
2. 观察教室中活动室区域规划的空间分布情况并记录;
3. 尝试运用专业理论知识进行活动室区域的类型划分;
4. 观察分析不同活动区的特殊要求是否考虑到(比如,阅读区的光线要足,并且尽量要是自然光源);
5. 观察并记录活动室不同区域的材料投放情况;
6. 了解各活动室区域设计的理念、原则与策略,结合学前教育专业知识进行理解并在实习中尝试应用这些策略;
7. 记录活动室区域的规则要求,分析所在班级主、配班教师建立规则的方法(包括但不限于游戏方式、人数、道具使用方法等)。

二、观察记录作业单

幼儿园活动室区域规划图

班级		人数		日期	
思考与建议					

幼儿园活动室区域规划图

班级		人数		日期	
思考与建议					

幼儿园活动室区域规划图

班级		人数		日期	
思考与建议					

幼儿园活动室区域规划设计图

班级		人数		日期	

反思	

幼儿园活动室区域规划设计图

班级		人数		日期	
反思					

项目2 活动区布置与材料投放

《幼儿园教育指导纲要(试行)》指出,幼儿园教育活动的组织与实施要结合本班幼儿的实际情况,教育应尊重幼儿身心发展的规律和学习特点。活动区作为教育活动的一种重要形式,其组织与实施首先要与幼儿的身心发展相适应。因此,在布置活动区时应尽量满足幼儿认知、情感、社会性、语言、动作技能、美感等多方面的发展需要。

区域活动中,材料是幼儿活动的对象,与幼儿的年龄特点、经验、能力和需要相适应的材料,能激起幼儿的学习主动性,使他们在没有压力的环境中主动观察,发现问题,独立思考、解决问题。因此在准备、选择、提供操作材料时,我们应根据幼儿兴趣和发展水平进行投放。

皮亚杰提出:儿童的智慧源于材料。区域活动的教育功能主要通过材料来表现。区域活动中材料越丰富多样,幼儿在操作过程中就会越大胆自信。利用自然物品和废旧物品是很好的丰富区域材料的形式,在材料收集中需要老师、家长和幼儿共同配合。教师必须注意幼儿的卫生、安全,把幼儿的安全放在首位。因此,教师必须和幼儿一起做好卫生工作,把收集来的瓶、盒、罐等材料洗干净,消毒,放置在阳光下凉晒后方可使用。

教师投放材料的丰富程度直接关系到幼儿的活动质量,丰富的材料能使幼儿尽情地"研究"他们的世界。活动区材料投放应该是丰富多彩的,然而,丰富的材料并不等于越多越好。幼儿注意力具有不稳定性,过多过杂的材料易让幼儿分心。因此,在投放材料时应考虑材料与活动目标的关系,加强材料投放的针对性、目的性和科学性,并依据对幼儿活动的观察,进行定期更换与补充。

一、实训任务和要求

(一)活动区布置

1. 讨论不同活动区布置的前期准备工作;
2. 与带班教师交流分享活动区布置的方法和注意事项;
3. 观察活动区布置期间幼儿的参与情况;
4. 在实习过程中尝试对活动区进行布置并记录过程。

(二)活动区材料投放

1. 观察记录不同活动区的材料投放情况;
2. 分析活动室不同区域材料投放的原则和蕴含的教育意义;
3. 掌握活动区材料投放的基本方法;
4. 分析不同主题活动区域材料投放的要求和标准;
5. 观察记录幼儿使用活动区投放的不同材料的频率,在交流分析的基础上进行材料投放的改进;
6. 保证幼儿安全的前提下尝试在不同区域进行简单的材料投放并观察使用情况;
7. 记录不同活动区之间的分隔方式和使用的分隔材料,从材料运用的角度对活动区分隔的特点进行分析。

二、观察记录作业单

幼儿园活动区布置与材料投放记录表

活动区域名称		记录日期	
室内场地条件			
光照条件			
活动性（动/静）			
材料投放			
使用班级		学生人数	
活动名称			
活动过程			
分析与评价			

幼儿园活动区布置与材料投放记录表

活动区域名称		记录日期	
室内场地条件			
光照条件			
活动性（动/静）			
材料投放			
使用班级		学生人数	
活动名称			
活动过程			
分析与评价			

幼儿园活动区布置与材料投放记录表

活动区域名称		记录日期	
室内场地条件			
光照条件			
活动性（动/静）			
材料投放			
使用班级		学生人数	
活动名称			
活动过程			
分析与评价			

幼儿园活动区布置与材料投放记录表

活动区域名称		记录日期	
室内场地条件			
光照条件			
活动性（动/静）			
材料投放			
使用班级		学生人数	
活动名称			
活动过程			
分析与评价			

幼儿园活动区布置与材料投放记录表

活动区域名称		记录日期	
室内场地条件			
光照条件			
活动性（动/静）			
材料投放			
使用班级		学生人数	
活动名称			
活动过程			
分析与评价			

幼儿园活动区布置与材料投放记录表

活动区域名称		记录日期	
室内场地条件			
光照条件			
活动性（动/静）			
材料投放			
使用班级		学生人数	
活动名称			
活动过程			
分析与评价			

项目3　走廊环境创设

　　幼儿园走廊环境的有效创设不仅能够促进幼儿的多方面发展,更利于他们形成良好的性格品质,对其健康成长起着不可代替的作用。幼儿园的走廊是幼儿自由活动的地点之一。我们可以充分利用走廊地面设计系列体育游戏,如可以练习连贯地行走、跳,发展幼儿动作协调性和灵活性的"小脚印道路",专门练习单双脚变化跳的"小调皮毛毛虫",传统游戏"跳房子""趣味迷宫"等,这些简单而蕴含多种玩法的游戏项目可让幼儿玩得津津有味,每当幼儿走过这些游戏地面时,都会不由自主地玩起来。我们还可以根据每一个年龄段的特点制订不同的发展目标,如在"小脚印道路"游戏中,小班幼儿只需踩着脚印过小路,中班则需双脚并拢沿着脚印向前跳,对大班幼儿的要求就更高一些,能按指定路线和方位点向前跨跳。这些创设的地面游戏内容不仅丰富了幼儿的室内活动内容,还很好地促进了幼儿的运动能力的发展。我们要从幼儿的审美情趣出发进行走廊空间环境的创设,让充满动感、童趣化的走廊成为幼儿感受美、欣赏美、创造美的场所。

　　皮亚杰认为:儿童的思维是在与环境的相互作用中发展起来的。走廊是幼儿日常学习、玩耍的重要场所,其环境的创设和幼儿的发展有着密切的关系。因此,教师应充分发挥走廊环境的积极作用,结合幼儿发展特征和心理特征创设与幼儿日常生活、游戏相关的走廊布置,并让幼儿积极参与其中,发挥幼儿的主体性和参与精神,让其获得成功的喜悦。

一、实训任务和要求

1. 观察幼儿园走廊环境创设的整体布局,运用多种方式进行布局的记录;
2. 记录走廊环境创设的各个功能区;
3. 从儿童发展角度出发,分析走廊环境创设蕴含的儿童发展机制;
4. 观察并记录幼儿园走廊环境创设的材料使用情况;
5. 结合所学知识,分析所使用材料的质地和种类;
6. 观察幼儿使用走廊投放材料的情况并记录;
7. 在观察分析的基础上,尝试对走廊材料投放提出改进意见;
8. 尝试设计走廊环境创设规划图;
9. 在实习过程中主动参与到走廊环境创设的过程中。

二、观察记录作业单

幼儿园走廊环境观察记录表

区域名称		记录日期	
使用材料			
观察记录（图片）			
分析与评价			

幼儿园走廊环境观察记录表

区域名称		记录日期	
使用材料			
观察记录（图片）			
分析与评价			

幼儿园走廊环境观察记录表

区域名称		记录日期	
使用材料			
观察记录（图片）			
分析与评价			

幼儿园走廊环境观察记录表

区域名称		记录日期	
使用材料			
观察记录（图片）			
分析与评价			

幼儿园走廊环境观察记录表

区域名称		记录日期	
使用材料			
观察记录（图片）			
分析与评价			

幼儿园走廊环境观察记录表

区域名称		记录日期	
使用材料			
观察记录（图片）			
分析与评价			

项目4　户外活动场地环境创设

规划户外活动场地不仅影响户外游戏活动的有效性,而且直接影响幼儿参与活动的积极性、主动性、专注性和持久性。有研究指出,空间的分隔不仅会影响幼儿户外游戏活动的效果,还会影响幼儿的社会性交往。因此,科学规划场地确实是开展幼儿户外活动的前提条件。户外活动场地的具体规划要遵循科学、合理的原则。

多样性的户外场地是开展游戏的重要资源,幼儿园的小山坡、沙池、小树林、草地等,都能在统一规划下物尽其用。户外活动场地的划分和建置,要根据各区的特点科学地进行,让幼儿能打破班级界限,互相交往,互相合作,为幼儿到户外活动场地进行自主活动提供条件。

在户外活动场地的划分过程中,我们应本着整体规划、点面结合、功能协调的原则进行。丰富的室外运动材料,可以为幼儿提供多种多样的运动体验,如钻、爬、平衡、攀登等,锻炼幼儿的体质,培养幼儿勇敢、不怕困难的意志品质。室内游戏材料能培养幼儿的思维能力。

环境是潜在的课程,户外活动场地环境的创设应引发幼儿主动探求的兴趣。首先运动器械应该是富有童趣的,如大象鼻子一般的滑梯、趣味化的攀岩墙、迷宫般的树屋等。幼儿在户外活动的同时,也会对器械本身爱不释手。其次,运动器械应是具有挑战性的。那些攀登墙、树屋等,永远是幼儿喜爱玩耍的,即使是胆小的孩子,如果在攀登时可以超越自己,那种挑战自我成功后的自豪感是幼儿宝贵的情感体验。最后,运动器械是多样化的。丰富多样的运动器械,不仅可以满足幼儿的不同需求,也可以避免幼儿长期使用一种运动器械产生的厌倦情绪。

一、实训任务和要求

1. 观察幼儿园户外环境创设的整体布局,运用多种方式进行布局的记录;
2. 记录户外环境创设的各个功能区;
3. 从儿童发展尤其是身体发育的角度出发,分析户外环境创设蕴含的儿童发展机制;
4. 观察并记录幼儿园户外环境创设的材料投放和使用情况;
5. 结合所学知识,从儿童健康发展的角度分析所投放材料的材质和种类;
6. 在观察分析的基础上,尝试自主设计户外环境创设规划图。

二、观察记录作业单

幼儿园户外环境观察记录表

区域名称		记录日期	
器材设施			
观察记录（图片）			
分析与评价			

幼儿园户外环境观察记录表

区域名称		记录日期	
器材设施			
观察记录 （图片）			
分析与评价			

幼儿园户外环境观察记录表

区域名称		记录日期	
器材设施			
观察记录（图片）			
分析与评价			

附录

师范学院

（学前教育专业）

教 学 实 习 手 册

班　　级：_____

学　　号：_____

姓　　名：_____

实习地点：_____

一、实习意义

学前教育专业是培养具有良好的职业道德和思想品质,掌握从事幼儿教育工作所必需的文化基础知识,拥有专业基础知识与技能,能从事幼儿园一线教学人才的专业。本专业要求学生具有较高的综合素质,具有扎实的基础知识和幼儿教育专业的实践技能。为进一步提高学生的实践技能,更好地适应幼儿园的需要,我们计划在第四学期集中安排学生进行教学实习。

二、实习目的

幼儿园教学实习是学前教育专业教学计划的重要组成部分,其目的是使学生了解幼儿园教育与教学工作的一般特点,巩固和加深所学的教育理论知识,培养学生对幼儿进行教育、教学工作的初步能力,为就业做准备。

三、实习时间

本次教学实习从_____年_____月_____日至_____年_____月_____日,共四周。

四、实习地点

_____市及周边地区幼儿园。

五、实习任务

第一周　了解幼儿园教师的全面工作,主要包括:

1. 听取实习幼儿园领导介绍的本园情况和对教师的要求;
2. 听取主班教师介绍本班教育、教学以及幼儿的情况;
3. 见习所在实习班教师的教育、教学及幼儿的一日生活等活动;
4. 参与幼儿园和所在实习班的备课、讨论等教研活动。

第二周　学习独立带班,开展教育活动,主要包括:

1. 幼儿的一日生活护理及教育;
2. 观摩幼儿园的教育活动;
3. 对幼儿进行有针对性的个别教育;
4. 创设适宜幼儿成长和发展的教育环境;
5. 与家长进行有关幼儿教育的交流和沟通。

第三周　组织一次教学活动。

第四周　组织一次教学活动。

六、对教学实习学生的要求

（一）应按照幼儿园的要求在指定卫生部门进行体检，体检合格后方可进入幼儿园实习。

（二）应遵守幼儿园各项制度和纪律。实习期间要按时上下班，一般不许请假，遇有疾病或特殊情况必须请假时，需要学校指导教师和幼儿园领导两方同意。

（三）应认真按时完成规定的各项实习任务，认真备课，写出教案，教育笔记要及时完成，实习期间至少独立进行两次教学活动。

（四）应从正确的教育观念出发，组织幼儿的一日生活和各项教育活动，为幼儿提供适宜的成长和发展环境。

（五）热爱幼儿和幼儿教育工作，对幼儿既要严格要求，又要耐心教育，不得有任何粗暴的举动和言辞。

（六）应虚心接受指导教师和幼儿园领导的指导，防止独断专行和依赖他人。实习生应与幼儿园其他教师和谐相处，互相配合，共同工作。

（七）在实习期间应以教师的身份要求自己，事事处处都要以身作则。实习生应按照幼儿园的要求着装，注意衣着整洁，朴素大方，不穿奇装异服，不留奇怪发型，上班时不穿高跟鞋，注意个人卫生。

（八）实习生要遵守财物制度，爱护幼儿园的财物，爱惜幼儿园的设备。

七、实习成绩的考察和评定

（一）实习结束时，实习生应上交反映实习情况的材料，作为我校教师审核评定实习成绩的依据。应上交的材料包括：

1. 教学实习报告。

实习生在实习工作结束后应写出实习总结，对自己在实习中取得的经验、教训和体会做分析评价和全面总结，此项成绩由我校指导教师给予评定。

2. 听课记录4份、教学活动设计3份。

实习生需将自己在实习期间进行的某一教育活动过程记录整理成一份完整的书面材料。材料内容应包括活动名称、活动由来、活动目标、活动准备、活动过程（幼儿的动作、表情、言语、师生的互动、对话、教师的行动、思考等）、活动延伸，以及对活动过程和效果的分析评价和感想。

3. 教育笔记2篇。

实习生应选择2篇记录实习中的典型事例及经验教训的教育笔记上交。教育笔记的内容不限，要求真实。

4. 实习园对实习生的实习成绩评定和评语。

幼儿园教学实习成绩，是对实习生在实习期间全部工作表现的评价，根据每个实习生带班工作态度及个人表现等情况做出评定。

实习评语以工作态度、个人表现为主要内容,包括能否对幼儿全面负责,关心和热爱幼儿,遵守制度和纪律,团结帮助其他教师,工作主动性、创造性如何,可视具体情况加以总评。

(二)教学实习总成绩的评定办法。

(1)成绩在实习班指导教师和幼儿园领导评定的基础上,由我校指导教师根据实习生提供的材料,审核确定实习成绩。具体分配方法是:实习园对实习生的实习成绩评定占40%,学生的教学实习报告成绩占20%,教学笔记占20%,教案占20%。

(2)实习成绩按90分以上为"A",80~90分为"B",70~79分为"C",60~69分为"D",60分以下为"E"五级记分。

(3)评定实习成绩时要严格掌握评分标准,从实际出发,实事求是,避免标准与学生实际水平差距较大的倾向,成绩为"A"的人数,不超过学生总人数的20%。

八、指导教师职责

幼儿园指导教师:具体指导与检查实习生的实习工作,包括向实习生介绍本班幼儿和教育教学情况、进度,指导、审查实习生的实习工作计划,帮助备课,观察、指导实习生带班,检查实习生的教育效果,评定本班实习生的实习成绩。

学校指导教师:安排学生到实习园,每星期至少去幼儿园抽查3次,检查学生实习情况,批阅学生的教案、教学实习报告、教学笔记。

听课记录 1

活动名称	
活动由来	
活动目标	
活动准备	
活动过程	

附录

活动过程	
活动反思	

听课记录 2

活动名称	
活动由来	
活动目标	
活动准备	
活动过程	

活动过程	
活动反思	

听课记录 3

活动名称	
活动由来	
活动目标	
活动准备	
活动过程	

活动过程	
活动反思	

听课记录 4

活动名称	
活动由来	
活动目标	
活动准备	
活动过程	

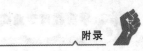

活动过程	
活动反思	

教育活动设计 1

活动名称	
活动由来	
活动目标	
活动准备	
活动过程	

活动过程	
活动延伸	
活动反思	

教育活动设计 2

活动名称	
活动由来	
活动目标	
活动准备	
活动过程	

活动过程	
活动延伸	
活动反思	

教育活动设计 3

活动名称	
活动由来	
活动目标	
活动准备	
活动过程	

附录

活动过程	
活动延伸	
活动反思	

教育笔记

第一篇

时间	
地点	
内容	

第二篇

时间	
地点	
内容	

实习总结报告

实习名称	
实习时间	____年____月____日至 ____年____月____日	实习地点	
实习目的	
实习内容（含总结）	

附录

实习内容（含总结）	

学前教育专业教学实习成绩评定表

学生姓名		专业班级	

指导老师（幼儿园）评语：

成绩（百分制）：_____　　　　指导老师签名：

　　　　　　　　　　　　　　　　　幼儿园盖章：

　　　　　　　　　　　　　　　　　　　　年　　月　　日

带队教师评语：

实习总成绩（百分制）：_____

等级：_____

　　　　　　　　　　　　　　　　　带队教师签名：

　　　　　　　　　　　　　　　　　　　　年　　月　　日